LIVROS QUE
CONSTROEM

CIP-Brasil. Catalogação-na-Publicação
Câmara Brasileira do Livro, SP

038c
Olcott, Henry Steel, 1832-1907.
  Catecismo budista / Henry S. Olcott ; tradução de Alcione Soares Ferreira. -- São Paulo : IBRASA, 1983.
  (Coleção gnose ; 15)

  1. Buda, 570 A.C.-480 2. Budismo 3. Budismo - Catecismos e credos I. Título.

83-1105
CDD-294.3
-294.34

Índices para catálogo sistemático:
1. Buda e budismo : Religião 294.3
2. Budismo : Catecismo : Religião 294.3
3. Budismo : Religião 294.3
4. Catecismo budista : Religião 294.34

CATECISMO BUDISTA

Coleção "GNOSE" — 15

Volumes publicados:

1. *A Bíblia Estava Certa* — Hugh J. Schonfield
2. *O Ensino dos Mahatmas (Teosofia)* — Alberto Lyra
3. *Fenômenos Ocultos* — Zsolt Aradi
4. *As Grandes Religiões* — Félicien Challaye
5. *Mistérios Cósmicos do Universo* — Adrian V. Clark
6. *O Poder da Meditação Transcendental* — Anthony Norvell
7. *O Poder das Forças Ocultas* — Anthony Norvell
8. *Segredos e Mistérios das Sociedades Secretas* — Herman e Georg Schreiber
9. *A Evolução Divina da Esfinge ao Cristo* — Édouard Schuré
10. *A Sugestão Mental* — J. Ochorowicz
11. *Raízes do Oculto* (A Verdadeira História de H. P. Blavatsky) — Henry S. Olcott
12. *Diálogos de Confúcio*

CATECISMO BUDISTA

Henry S. Olcott

Tradução de
ALCIONE SOARES FERREIRA

IBRASA
INSTITUIÇÃO BRASILEIRA DE DIFUSÃO CULTURAL S.A.
SÃO PAULO

Título do original francês:

LE BOUDDHISME

Selon le Canon de l'Eglise du Sud

et sous forme de

CATÉCHISME

Nota da edição francesa (3ª edição):
Aprovado e recomendado para uso nas
Escolas Budistas por
H. SUMANGALA
Grão-Sacerdote de Sripada, Pic d'Adam e Gales,
Principal do Widyôdaya Parivena,
Escola de Teologia Budista.

Capa de CARLOS CÉZAR

Direitos desta tradução reservados à
IBRASA
INSTITUIÇÃO BRASILEIRA DE DIFUSÃO CULTURAL S.A.
R. Vinte e Um de Abril, 97 – Tel. 93-9524
03047 – SÃO PAULO

1983

IMPRESSO NO BRASIL – PRINTED IN BRAZIL

APROVAÇÃO

WIDYÔDAYA PARIVENA, *Colombo (Ceilão)*

7 de julho de 1881

Aqui certifico que examinei cuidadosamente a versão cingalesa do Catecismo preparado pelo coronel H. S. Olcott, e que a mesma está de acordo com o cânone da Igreja Budista do Sul. Recomendo esta obra aos Mestres de Escolas Budistas e a todos os que, de modo geral, desejem conhecer os traços essenciais de nossa religião.

H. SUMANGALA,

Grão-Sacerdote da Igreja do Sul

POST-SCRIPTUM

Revi, com a ajuda de intérpretes, a trigésima terceira edição do já mencionado Catecismo, e confirmo minha aprovação ao mesmo.

Colégio de Widyôdaya, 7 de abril de 1897

H. SUMANGALA

PRÓLOGO À TRADUÇÃO FRANCESA

Ainda hoje, seis grandes religiões dividem mais ou menos entre si a população da Terra. São elas, por ordem cronológica, o Bramanismo, o Zoroastrismo ou Parsismo, o Judaísmo, o Budismo, o Cristianismo e o Maometismo. São-nos bem conhecidas as religiões ditas de Moisés, de Cristo e de Maomé; são-no menos o Bramanismo e o Budismo. E, não obstante, a primeira é a mais antiga, e talvez mesmo a mãe de todas as outras. O Budismo distingue-se por ser uma doutrina muito original, que atalha os processos ordinários: é, além do mais, muito difundida, de vez que conta, entre seus adeptos, mais de um terço da população do globo*. Todos estes motivos concorrem para tornar sem dúvida muito interessante uma exposição exata, por resumida que seja, de sua doutrina.

---

* No final do século passado, até o final da primeira década deste século, ainda não se dera, em toda a extensão posterior, o processo de cristianização dos povos do Oriente. Daí a afirmação do tradutor francês, então verdadeira. (N. do T.).

9

Foi o que a Sociedade Teosófica — um dos objetivos da qual é *favorecer o estudo da ciência, das filosofias e religiões* — permitiu que se apresentasse, pela primeira vez, há quase vinte e cinco anos, ao público do Ocidente. A presente obra é, com efeito, um dos trabalhos[1] dessa Sociedade, pois que se deve à pena de seu eminente presidente-fundador. Recebemos a missão de traduzi-la para o francês, o que fizemos uma primeira vez em 1883, e novamente neste momento (1905), sobre o mais recente texto do autor, o qual sofreu numerosas adições às primeiras edições (37ª edição inglesa).

D. A. COURMES

---

1. A mesma Sociedade publicou uma notável resumo das cinco Grandes Religiões supracitadas: o Bramanismo, o Zoroastrismo, o Budismo, o Cristianismo, o Islamismo. A autora foi Annie Besant. (D.A.C.).

PREFÁCIO DO AUTOR

PARA A PRIMEIRA EDIÇÃO, EM 1881

Esta pequena obra não visa senão a apresentar os principais fatos da vida de Gautama Buda e os traços essenciais de sua doutrina. Ela é, coisa estranha, única em seu gênero[1], mesmo no Ceilão, centro de Budismo do Sul,* ainda que os missionários cristãos tenham difundido largamente seus próprios catecismos, e podido, assim, trabalhar sem obstáculo para arrancar os cingaleses à fé de seus pais. Seja qual for a

---

1. Isto foi dito em 1881, depois do que o interesse suscitado por esta publicação fez produzirem-se outras obras sobre o mesmo tema.

* A cultura oriental, ao contrário da ocidental, tem como um de seus traços característicos a transmissão oral, como acontece também, por exemplo, entre os povos da África Negra e a maioria das tribos das Américas. Por isso, não é tanto de causar espécie que não houvesse, à época de Olcott, mesmo entre povos budistas de culturas altamente sofisticadas, uma profusão de códigos e catecismos budistas, no gênero ocidental. (N. do T.).

11

causa de tal situação, qualquer budista, ou simplesmente qualquer admirador da filosofia budista, não pode senão deplorá-la.

O presente resumo é sobretudo uma compilação dos escritores mais autorizados na matéria, com a importante adição, entretanto, de que, tendo sido assistido pelo venerável Grão-Sacerdote, Diretor da Escola de Teologia Budista, pôde o autor tratar alguns pontos controversos de maneira tão conforme quanto possível à acepção estabelecida.

A bem dizer, o Ocidente parece não ter ainda senão uma idéia imperfeita do que é o Budismo dito ortodoxo. Os escritos fantásticos sobre os quais os principais Orientalistas basearam seus comentários não constituem o verdadeiro Budismo mais do que as histórias de monges da Idade Média, o verdadeiro Cristianismo.

Não há senão as palavras autênticas do próprio Sáquia Muni, tidas por ortodoxas. Pesquisas mais profundas certamente provarão aos intelectuais da Europa que o Sábio de Kapilavastu ensinava, seis séculos antes da era cristã, não apenas um código de moral, incomparável, mas também uma filosofia tão ampla e racional que se antecipou às induções das pesquisas da ciência moderna.

Os signos abundam para fazer prever que, entre as grandes crenças do mundo, aquela pode ser a religião do futuro que menos estará em antagonismo com a Lei natural. Quem sabe essa honra não esteja reservada ao Budismo?

H. S. OLCOTT

PREFÁCIO DO AUTOR

PARA A 33ª EDIÇÃO, EM 1897

À medida que renovei as edições da presente obra, foi aumentando o número das questões, com o objetivo de divulgar mais a história, a ética e a filosofia budistas, de fazer apreciar o nobre ideal ensinado por Buda e de facilitar assim sua realização. Na trigésima terceira edição, reuni todas as perguntas sob as cinco rubricas seguintes:

I. — A vida de Buda.
II. — A doutrina.
III. — A Sangha ou ordem monástica.
IV. — Um breve histórico do Budismo, de seus Concílios e de sua propaganda.
V. — Algumas das concordâncias entre o Budismo e a Ciência.

Assim como a primeira edição, aquela recebeu a aprovação do eminente erudito H. Sumangala. Ela representa, pois, invariavelmente, o verdadeiro cânone da Igreja Budista do Sul.

Este catecismo já foi publicado em vinte diferentes línguas.

Adyar, Índia, 17 de maio de 1897

H.S.O.

PREFÁCIO DO AUTOR

PARA A 36ª EDIÇÃO

A popularidade desta pequena obra não parece diminuir com o número de suas edições. Ainda com a presente versão em mãos, o erudito Dr. Erich Bischoff já trabalhava numa nova tradução alemã, e meu velho amigo e colega, o comandante D.A. Courmes, fazia-o para o francês, devendo este último trabalho constituir a 37ª edição. Uma nova versão em espanhol também está sendo preparada em Madri.

É muito agradável para mim, na qualidade de budista, ler o que a este respeito pensa um escritor tão reputado em questões religiosas quanto M.G.R.S. Mead, autor de *Fragments d'une foi oubliée*, de uma tradução da *Pistis Sophia*, e de outras obras análogas. Escreveu ele, na *Theosophical Review:* "O catecismo budista do coronel Olcott já foi traduzido em mais de vinte línguas diferentes, e pode-se dizer, sem contradição, que tem sido um ativo instrumento de propaganda

17

no seu próprio país de origem, onde o Budismo estava em estado de inércia há muito tempo."
Certo é que foi apenas nos países budistas que o catecismo se constituiu em obra de propaganda propriamene dita, e nada há a acrescentar a isso. Em todos os outros lugares veio apenas esclarecer a questão das religiões. Seja qual for o valor da obra, posso dizer que ela resume quase 15.000 páginas de ensinamento budista, que li para este fim.

H.S.O.

Adyar, 17 de fevereiro de 1903

DEDICATÓRIA

Em testemunho de respeito e afeição, dedico outra vez o Catecismo budista, novamente revisto, a meu conselheiro e amigo há vários anos, Hikkaduwe Sumangala, Pradhâna Nâyaka Sthavira, Grão-Sacerdote do Pic d'Adam (Sripada) e da província do Oeste.

Adyar, 1903

H. S. OLCOTT

SUMÁRIO

A vida de Buda 23

O Dharma ou Doutrina 47

O Sangha 91

Progresso e Expansão do Budismo 99

O Budismo e a Ciência 111

Apêndice 127

PRIMEIRA PARTE

A VIDA DE BUDA

1. Pergunta — *De que religião*[1] *você é?*
Resposta — Budista.
2. P. — *Que é Budismo?*
R.— É um conjunto de ensinamentos emitidos por um grande personagem conhecido sob o nome de Buda.

---

1. A palavra *Religião* não parece aplicar-se adequadamente ao Budismo, que é, antes de tudo, uma filosofia moral. Mas o uso tornou essa palavra aplicável, de modo geral, a um grupo de povos que professem uma mesma doutrina moral, e é assim que a empregam os estatísticos.
Os Budistas do Sul não têm a concepção do significado de religião tal como a vêem os ocidentais. Na crença budista, não há "ligação", no sentido cristão, nem submissão ou fusão num Ser divino. O termo popular que exprime a relação entre o Budismo, Buda e seus seguidores, é *Agama*. Trata-se de um termo sânscrito que quer dizer *proximidade* ou *vinda,* e, como *Buda* quer dizer *Esclarecimento,* a palavra composta *Budagama,* pela qual se indica o Budismo, pode ser traduzida por: *O que faz aproximar-se a luz ou fá-la caminhar,* ou ainda, o que segue a doutrina de Sakia

23

3. P. — *Budismo é o melhor nome para esse ensinamento?*
R. — Não: esse é apenas um termo ocidental. O melhor nome é *Buda Dharma*.
4. P. — *Você chamaria Budista a qualquer pessoa que tivesse simplesmente nascido de pais Budistas?*
R. — Claro que não. Um Budista é aquele que não apenas crê em Buda, como o mais nobre dos instrutores, na Doutrina que ele pregou e na fraternidade dos Arhats, mas que pratica também os Seus preceitos na vida quotidiana.
5. P. — *Como se chama um Budista, quando se trata de um homem?*
R. — Upâsaka.
6. P. — *E quando é uma mulher?*
R. — Upâsikâ.
7. P. — *De quando data a primeira pregação do Budismo?*
R. — Há um certo desacordo quanto à questão dessa data, mas, segundo as escrituras

---

Muni, o santo dos Sakias. Os missionários cristãos, na Índia, encontrando o vocábulo *Agama,* tomaram-no por sinônimo de religião, e assim grafaram, por Cristianismo, *Cristianiagama,* quando deveriam dizer *Cristianibandana,* de vez que *bandhana* tem uma etimologia equivalente ao sentido próprio da palavra religião.

Estabelecidas estas reservas, continuo a ater-me aos hábitos estabelecidos, e, como todo mundo, denomino o sistema budista de religião.

cingalesas, foi no ano 2513 do Kali Yuga atual, ou seja, 589 anos antes da Era Cristã.

8. P. — *Poderia dar as datas importantes da última existência do fundador do Budismo?*

R.— Nasceu ele sob a constelação de Visa, numa quinta-feira do mês de maio do ano 2478 (K.Y), ou 624 antes da era cristã; no ano 2506, retirou-se para a jângal, em 2513 tornou-se Buda, e, transpondo o ciclo do renascimento, entrou em Paranirvana no ano de 2558, ou seja, 544 antes da era cristã, na idade de oitenta anos. Cada um desses eventos teve lugar num dia de lua cheia, e eis por que os celebramos todos juntos numa grande festa — denominada *Vaisâkha* — a qual tem lugar no dia da lua cheia de Wesak, quer dizer, de maio.

9. P. — *Buda era Deus?*

R.— Não: o Buda Dharma não professa a "encarnação divina".

10. P. — *Ele era um homem?*

R.— Sim; porém, o mais sábio, o mais nobre e o mais santo dos seres, tendo-se ele próprio desenvolvido, no curso de incontáveis existências, muito acima de todos os outros indivíduos, exceto dos Budas anteriores.

11. P. — *Houve então outros Budas antes dele?*

R.— Sim, como se explicará mais adiante.

12. P. — *Buda era o nome dele?*

25

R.— Não. É o nome de uma condição ou de um estado de inteligência, depois de ter aquele atingido o auge de seu desenvolvimento.

13. P. — *Qual o seu significado?*
R.— Iluminado, ou aquele que possui a sabedoria perfeita. O termo Pali é *Sabbannu,* O do Conhecimento sem limite. Em sânscrito, *Sarvajna.*

14. P. — *Qual era, então, o verdadeiro nome de Buda?*
R.— SIDDHA'RTHA era seu nome real e GAUTAMA ou GOTAMA seu nome de família. Era ele príncipe de Kapilavastu, e pertencia à ilustre família dos Okkaka, da raça Solar.

15. P. — *Quem eram seu pai e sua mãe?*
R.— O rei Suddhodana e a rainha Maya, chamada Maha Maya.

16. P. — *Sobre qual povo reinava esse rei?*
R.— Sobre os Sakyas, tribo Ariana os Kshattriyas.

17. P. — *Onde ficava Kapilavastu?*
R.— Na Índia, cem milhas ao nordeste de Benares, e a cerca de quarenta milhas dos montes do Himalaia. É no Nepal Terai; a cidade encontra-se agora em ruínas.

18. P. — *Sobre qual rio?*
R.— Sobre o Rohini, que agora se chama Kohana.

19. P. — *Pode ainda dizer em que ano nasceu o príncipe Sidarta?*

R.— Seiscentos e vinte e três anos antes da Era Cristã.
20. P. — *Conhece-se o lugar exato de seu nascimento?*
R.— Está agora estabelecido acima de qualquer contestação. Um arqueólogo do governo da Índia acaba justamente de descobrir, na selva do Nepal Terai, uma coluna de pedra, erigida pelo poderoso soberano budista Asoka, para marcar esse local. Naquele tempo, o lugar era conhecido como jardim Lumbini.
21. P. — *Tinha o Príncipe o luxo e esplendor inerentes à sua posição?*
R.— Sim. O rei seu pai fez construir para ele três palácios magníficos, para as três estações da Índia, um de nove andares, outro de cinco e um terceiro de três, todos perfeitamente decorados.
22. P. — *Como se situavam eles?*
R.— Ao redor de cada palácio encontravam-se jardins cheios das mais belas flores e do mais delicioso perfume, com fontes de água que jorrava, árvores cheias de pássaros de canto doce e pavões pavoneando-se no gramado.
23. P. — *Ele vivia só?*
R.— Não. Aos dezesseis anos desposou a princesa Yasodhara, filha do rei Suprabuda. Multidões de jovens exercitadas nas artes da dança e da música empenhavam-se de contínuo para encantar-lhe os ócios.

27

24. P. — *De que maneira ele tomou mulher?*
R. — À maneira dos antigos Kshattriyas ou guerreiros, sobrepujando todos os seus rivais em jogos e exercícios de destreza e coragem, e escolhendo assim Yasodhara entre todas as jovens princesas que os pais haviam trazido ao torneio ou mela.

25. P. — *Como, em meio a todo esse luxo, pôde um príncipe tornar-se inteiramente sábio?*
R. — Ele possuía tal sabedoria natural que, ainda criancinha, parecia compreender as artes e ciências sem tê-las estudado. Tinha os melhores mestres, mas eles não podiam ensinar-lhe nada que ele não parecesse compreender logo.

26. P. — *Foi nesses esplêndidos palácios que ele se tornou Buda?*
R. — Não, ele deixou tudo e se foi, sozinho, para a Selva.

27. P. — *Por que o fez?*
R. — Para descobrir a causa de nossos sofrimentos e o meio de escapar a eles.

28. P. — *Não era o egoísmo que o guiava?*
R. — Não, foi um amor sem limites por todos os seres que o fez sacrificar-se pelo bem deles.

29. P. — *Mas como adquiriu ele esse amor sem limites?*
R. — Em incontáveis vidas anteriores, vividas em milhões de anos, ele cultivava esse

amor com a constante determinação de tornar-se um Buda.

30. P. – *O que ele sacrificou, dessa vez?*

R.– Seus belos palácios, suas riquezas, seu luxo, seus leitos agradáveis, suas belas vestes, sua primorosa alimentação, seu reino, enfim. Deixou até sua esposa bem-amada e seu filho único, Rahula.

31. P. – *Algum outro homem sacrificou de outra feita tanto pelo nosso bem?*

R.– Não, neste período atual do mundo. Eis o motivo pelo qual os budistas tanto o amam, e por que os melhores, dentre eles, buscam imitá-lo.

32. P. – *Mas um certo número de outros homens não abandonou todas as coisas da terra e até sua vida pelo bem de seus companheiros?*

R.– Sem dúvida. Mas acreditamos que sua maior abnegação e seu amor pela humanidade manifestaram-se sobretudo na renúncia à felicidade do Nirvana, há incontáveis idades, quando, tendo nascido na personalidade do Brâmane Sumedha, no tempo do Buda Dipankara, havia ele já atingido o estágio em que poderia entrar no Nirvana, se não tivesse amado mais à humanidade que a si mesmo. Essa renúncia implicava em suportar voluntariamente as misérias de existências terrestres até tornar-se Buda, com o fito de ensinar a todos os seres o caminho da libertação e dar repouso ao mundo.

29

33. P. — *Que idade tinha ele quando foi para a jângal?*
R.— Tinha vinte e nove anos.
34. P. — *Que foi que o determinou finalmente a deixar tudo o que os homens de ordinário tanto amam e seguir para a floresta?*
R.— Um *deva*[1] lhe apareceu enquanto ele estava no carro, quatro vezes seguidas, sob formas impressionantes.
35. P. — *Quais eram essas diferentes formas?*
R.— As de um velho curvado pelos anos, de um homem doente, de um cadáver e de um eremita honrado.
36. P. — *Foi ele o único a ver essas formas?*
R.— Não, seu servidor Channa também as viu.
37. P. — *Por que uma tal visão, tão comum para qualquer um, levou-o a ir para a floresta?*
R.— Nós, na verdade, freqüentemente vemos isso, mas o mesmo não se dava com ele, e foi o que produziu tão grande impressão em seu espírito.
38. P. — *Por que ele ainda não tinha visto nada semelhante?*
R.— Os astrólogos Brâmanes haviam predito, quando de seu nascimento, que ele um dia abandonaria seu reino, e que se tornaria um Buda. O Rei, seu pai, não querendo perder o

---

1. A significação dessa palavra é explicada mais adiante.

filho, proibira expressamente que se lhe mostrasse algo que lhe pudesse dar idéia das misérias humanas e da morte. Ninguém devia sequer falar dessas coisas ao Príncipe. Ele era como que prisioneiro em seus belos palácios e em seus jardins floridos. Esses jardins eram cercados de altas muralhas, e tudo, no interior, era tornado tão belo quanto possível para que o Príncipe não tivesse ocasião de ver os pesares e misérias deste mundo.

39. P. – *Era ele tão cheio de ternura que seu pai temeu se sacrificasse pelo bem do mundo?*
R.– Sim. Parecia experimentar por todos os seres uma imensa piedade e amor.

40. P. – *E como pensava ele aprender, na floresta, a causa da dor?*
R.– Distanciando-se de tudo o que pudesse impedi-lo de pensar profundamente nas causas da dor e na natureza do homem.

41. P. – *Como ele escapou do palácio?*
R.– Uma noite em que todos dormiam, levantou-se, lançou um derradeiro olhar à sua mulher e ao seu filho adormecidos, chamou Channa, montou seu cavalo branco favorito, Kantaka, e transpôs as portas do palácio. Os *Devas* tinham lançado num sono profundo os guardas que vigiavam a porta, de sorte que estes não ouviram o barulho dos cascos do cavalo.

42. P. – *Mas a porta não estava fechada a chave?*

31

R.— Sim, mas os *Devas* fizeram-na abrir-se sem barulho, e ele cavalgou na noite.
43. P. — *Para onde ele seguiu?*
R.— Para o rio Anoma, bem longe de Kapilavastu.
44. P. — *Que fez a seguir?*
R.— Apeou-se do cavalo, cortou com o glaivo sua bela cabeleira e, dando a Channa tanto seus ornamentos quanto sua montaria, ordenou-lhe que os restituísse ao Rei, seu pai.
45. P. — *E depois?*
R.— Encaminhou-se a pé para Rajagriha, capital do rei Bimbisara, de Magadha.
46. P. — *Quem ele visitou?*
R.— O rei, em sua corte plenária[1].
47. P. — *Por que o Buda foi a esse lugar?*
R.— Nas florestas da vizinhança encontravam-se eremitas, homens muito sábios, dos quais a seguir ele se tornou discípulo, na esperança de encontrar o conhecimento que buscava*.
48. P. — *De que religião eram eles?*
R.— Da religião Hindu[2]: eram Brâmanes.
49. P. — *O que ensinavam eles?*

---

1. O Evangelho de Buda, de Paul Carus, relata admiravelmente essa visita.
* Entre eles, Arata-Kelama e Rudraba. (N. do T.)
2. O termo Hindu visa mais especialmente aos fiéis da religião Bramânica.

R.— Que, por meio de severas penitências e pela tortura do corpo, pode o homem adquirir a perfeita sabedoria.

50. P. — *O príncipe achou que era assim?*

R. — Não; ele aprendeu os sistemas deles e praticou suas austeridades, mas não descobriu assim a causa da dor humana e o caminho da emancipação absoluta.

51. P. — *E que fez ele então?*

R.— Foi para uma floresta, perto de um lugar chamado Uruvela, no local onde atualmente se localiza o templo de Mahabodhi, em Buda-Gaya, e aí passou seis anos em profunda meditação, estrita disciplina e mortificações corporais.

52. P. — *Estava sozinho?*

R.— Não. Acompanhavam-no cinco companheiros brâmanes.

53. P. — *Quais eram os nomes deles?*

R.— Kondanya, Bhaddiya, Vappa, Mahanama e Assaji.

54. P. — *Que espécie de disciplina adotou ele para tornar seu espírito acessível à verdade total?*

R.— Ficava sentado e meditava, concentrando a mente sobre os mais altos problemas da vida, e fechando os olhos e ouvidos a tudo o que pudesse perturbar o curso de suas reflexões interiores.

55. P. — *Ele jejuou?*

R.— Sim, todo o tempo. Tomava cada vez menos alimento e água, até que lhe bastasse,

33

digamos, um grão de arroz ou de gergelim por dia.

56. P. — *Isso lhe deu a sabedoria que desejava?*

R.— Não: ele conseguiu apenas enfraquecer-se mais e mais até que, um dia, enquanto caminhava suavemente, meditando, suas forças vitais subitamente o abandonaram e ele caiu ao chão, sem consciência.

57. P. — *Que pensaram seus companheiros?*

R.— Que tivesse morrido. Mas, pouco tempo depois, ele tornou a si.

58. P. — *E que aconteceu então?*

R.— Veio-lhe o pensamento de que o conhecimento não pudesse ser jamais obtido pelo jejum ou pelo sofrimento corporal, isolados, mas que se o deveria obter pela abertura da mente. Ele estivera a ponto de morrer de esgotamento e não tinha entretanto adquirido a perfeita sabedoria. Decidiu-se, pois, a comer, a fim de poder, pelo menos, viver o tempo bastante para tornar-se sábio.

59. P. — *Quem foi que lhe deu de comer?*

R. — Ele recebeu algum alimento de Sujata, filha de pai nobre, que o viu estendido ao pé de uma árvore nyagrodba (baniã*). Voltaram-

---

* Banian (ou Baniã) — Também chamada, popularmente, "figueira-brava" ou "figueira-da-índia", ou ainda "figueira-de-jardim". O nome científico da espécie é *Ficus Roxburghii*. (N. do T.)

lhe então as forças. Levantou-se, pegou seu pires de madeira, banhou-se no rio Neranjara, comeu e reentrou na selva.
60. P. — *Que fez ali?*
R. — Tendo tomado uma determinação depois destas reflexões, ele se dirigiu, à tarde, à árvore Bodhi ou Asvatha, onde atualmente se encontra o templo Mahabodhi.
61. P. — *E daí?*
R. — Ele resolveu não abandonar esse local sem ter atingido o estado de Buda.
62. P. — *De que lado da árvore estava ele sentado?*
R. — Na face voltada para o Leste[1].
63. P. — *O que conseguiu ele nessa primeira noite?*
R. — O conhecimento de seus nascimentos anteriores, das causas dos renascimentos e do meio de extinguir os desejos. Quando raiou a aurora, sua inteligência se abriu totalmente como a branca flor de lótus que desabrocha. A luz do conhecimento supremo, ou as quatro verdades, derramou-se nele: tornara-se *Buda*, o iluminado, o onisciente, o *Sarvajna*.

---

1. Os livros canônicos não apresentam os motivos para a escolha deste lado da árvore, como se fala nas obras européias de Bigandet e outros. Há, no cômputo geral, certas influências provenientes de diversas direções do espaço. Ora umas são as melhores, ora o são outras. Mas o Buda pensava que o homem perfeito está acima das influências exteriores.

64. P. – *Ele descobriu finalmente a causa da miséria humana?*
R. – Sim, finalmente. Assim como a luz do sol nascente expulsa para longe as trevas da noite e desvenda à vista as árvores, os campos, rochedos, mares, rios, animais, homens e coisas, assim também a plena luz do conhecimento levantou-se em sua mente e ele viu, de um só golpe de vista, as causas do sofrimento humano, e o meio de escapar a elas.

65. P. – *Ele precisou de grandes esforços para obter essa perfeita sabedoria?*
R. – Sim, de grandes e terríveis esforços. Ele teve de vencer, em seu corpo, todos esses defeitos naturais, esses apetites humanos e desejos que nos impedem de ver a verdade. Teve de triunfar sobre todas as más influências do mundo pecador que o cercava. Como um soldado que combate desesperadamente na batalha contra muitos inimigos, ele lutou com energia, e, como um herói que alcança a vitória, atingiu seu objetivo: o segredo da miséria humana lhe foi revelado.

66. P. – *Que uso fez ele do conhecimento assim adquirido?*
R. – Absteve-se incontinenti de divulgá-lo por toda parte.

67. P. – *Por quê?*
R. – Por sua profunda importância e sua sublimidade. Ele temia que poucos o compreen-

dessem, e que sua pregação só produzisse confusão nos espíritos.

68. P. — *Que foi que o fez, a seguir, mudar de idéia*[1]*?*

R.— Ele viu que era seu dever ensinar, o mais clara e simplesmente possível, o que havia aprendido, e não duvidar de que a verdade se imprimisse no espírito das pessoas, segundo o Carma individual de cada um. Era a única via de salvação, e cada ser tinha igual direito a que se lhe indicasse. Ele decidiu também começar com os cinco derradeiros companheiros que o haviam deixado quando rompera seu jejum.

69. P. — *Onde os encontrou ele?*

R.— Nas florestas dos gamos, em Isipatana, perto de Benares.

70. P. — *Conhece-se esse lugar, em nossos dias?*

R.— Sim, um *stupa* ou *dagoba* quase em ruínas encontra-se ainda nesse mesmo local.

71. P. — *Esses cinco companheiros escutaram-no espontaneamente?*

R.— Não, de início; mas a beleza espiritual de seu semblante era tão grande, e tão doce seu ensinamento, e tão convincente, que eles logo mudaram de idéia e lhe prestaram a mais viva atenção.

---

1. Diz a lenda que o próprio deus Brama lhe implorou que não mantivesse oculta a gloriosa verdade.

37

72. P. – *Que efeito teve, sobre eles, esse discurso?*

R. – O velho Kondanya, "o Crente" (Anna), foi o primeiro a perder suas prevenções, a aceitar o ensinamento de Buda, a tornar-se seu discípulo e a entrar na vereda que leva à qualidade de Arhat. Os outros quatro seguiram-lhe o exemplo.

73. P. – *Qual foi o próximo converso?*
R. – Um jovem e rico leigo chamado Yasa, e seu pai, um grande negociante. Ao cabo de três meses, os discípulos eram em número de sessenta.

74. P. – *Quais as primeiras mulheres a se tornarem suas discípulas?*
R. – A mãe e a mulher de Yasa.

75. P. – *Que fez Buda então?*
R. – Reuniu seus discípulos, instruiu-os a fundo e enviou-os a pregar em todas as direções[1].

76. P. – *Qual era a essência dessa doutrina?*
R. – Que a via de emancipação se encontra em manter uma vida santa e seguir as regras que serão aqui explicadas.

---

1. Não estando o Bramanismo propagado entre os não Hindus, infere-se que o Budismo é a primeira religião a ter enviado missionários através do mundo. Esses primeiros missionários suportaram duras e cruéis perseguições com inquebrantável coragem.

77. P. — *Mas pode dizer-me o nome que ele deu a este tipo de vida?*
R.— A nobre Senda Octupla.
78. P. — *Em língua Pali, qual é seu nome?*
R.— Ariyo atthangiko maggo.
79. P. — *Aonde foi o Buda, a seguir?*
R.— A Uruvela.
80. P. — *Que lhe aconteceu aí?*
R.— Ele converteu um homem chamado Kashyapa, de grande renome por sua instrução e principal sacerdote dos Jatilas, grande seita de adoradores do fogo, os quais também o seguiram.
81. P. — *Qual foi o grande homem que ele converteu em seguida?*
R.— O rei Bimbisara, de Magadha.
82. P. — *Quais os dois discípulos mais instruídos e mais aficcionados de Buda, convertidos nesse momento?*
R.— Sariputha e Moggallana, anteriormente discípulos do asceta Sanjaya.
83. P. — *Em que se tornaram eles famosos?*
R.— Sariputha, por seu profundo saber *(Prajna);* Moggallana, por seus excepcionais poderes espirituais *(Iddhi).*
84. P. — *Esses poderes maravilhosos eram de natureza miraculosa?*
R.— Não, trata-se de poderes naturais a todos os homens e passíveis de serem desenvolvidos mediante certo treinamento.

39

85. P. — *O Buda recebeu notícias de sua família, após tê-la deixado?*

R.— Sim, sete anos depois, achando-se ele em Rajagriha, seu pai, o rei Suddhodana, enviou-lhe uma mensagem, pedindo-lhe que lá fosse, para vê-lo ainda uma vez antes de morrer.

86. P. — *E ele foi?*

R.— Foi. Seu pai recebeu-o com grande júbilo, e foi-lhe ao encontro com todos os parentes e ministros.

87. P. — *E ele consentiu em reassumir sua antiga posição?*

R.— Não. Explicou muito ternamente ao pai que o príncipe Sidarta deixara de existir como tal, e que ele estava agora na condição de um Buda, para que todos os seres fossem igualmente seus irmãos e amigos. Em lugar de governar uma simples tribo ou nação, como um rei da terra, seu Dharma o fazia levar a segui-lo todos os corações humanos.

88. P — *Ele viu Yasodhara e seu filho Rahula?*

R.— Sim. Sua mulher, que lhe tomara o luto com o mais profundo amor, chorou amargamente. Mandou, por isso, Rahula pedir-lhe a sucessão, como filho de príncipe.

89. P. — *E que aconteceu?*

R.— A todos ele pregou o Dharma como o remédio para todos os males. Seu pai, seu filho, sua mulher, Ananda, seu meio-irmão, Devadatta, seu primo e cunhado, foram todos convertidos e tornaram-se seus discípulos. Outras pessoas famosas foram o grande metafísico Anurudhha e o barbeiro Upali, ambos tendo ganho nomeada.

90. P. – *Qual foi a primeira mulher a ser asceta?*

R.– Prjapati, tia e ama-de-leite do príncipe Sidarta. Ao mesmo tempo que ela, Yasodhara e diversas outras damas foram admitidas na Ordem, como *bhikkhounis,* ou mulheres piedosas.

91. P. – *Que efeito teve, sobre o velho rei Suddhodana, a entrada, para a religião, de seu irmão Sidarta, de Ananda, de seu sobrinho Devadatta, de Yasodhara, mulher de seu filho, e de seu neto Rahula?*

R.– Deplorou-a bastante e queixou-se ao Buda que estabelecesse então, como regra da Ordem, que nenhum menor fosse aí admitido, a seguir, sem o consentimento de seus pais ou tutores.

92. P. – *Que veio a ser Devadatta?*

R.– Foi homem de grande inteligência, progrediu rapidamente no conhecimento do Dharma, mas, como era também muito ambicioso, veio a invejar e a odiar o Buda, o qual acabou mesmo por querer matar. Levou, por isso, Ajatashatru, filho do rei Bimbisara, a matar seu nobre pai, e a tornar-se discípulo dele, Devadatta.

41

93. P. – *Ele fez mal ao Buda?*
R. – Nem um pouco, mas o mal que lhe havia desejado recaiu sobre sua própria cabeça, e ele teve morte horrível.
94. P. – *Durante quantos anos o Buda se consagrou ao magistério?*
R. – Quarenta e cinco anos, durante os quais pregou muitas e muitas vezes. Ele, assim como seus discípulos, tinha o costume de viajar e pregar durante os oito meses da estação seca, ao passo que, durante a estação das chuvas, *Was*, deixava-se ficar nos *pansalas* e *viharas* que em sua intenção haviam construído diversos reis e outros prosélitos opulentos.
95. P. – *Quais as mais famosas dessas construções?*
R. – Jetavanarama, Veluvanarama, Pubarama, Nigrodarama e Isipatanarama.
96. P. – *Que tipo de pessoas se converteram?*
R. – Pessoas de todas as camadas, de todas as nações e de todas as castas: rajás e cules, ricos e pobres, poderosos e humildes, eruditos e iletrados. Sua doutrina convinha a todos.
97. P. – *Pode contar de que maneira o Buda deixou seu corpo?*
R. – No dia da lua cheia de maio, quarenta e cinco estações depois de ter-se ele tornado Buda, sabendo próxima sua partida, veio ele, pela tardinha, a Kusinagara, situada a cerca de 120 milhas de Benares. No pequeno bosque de

salas (Vatica Robusta) dos Malas, o Uparvartana de Kusinagara, entre duas árvores, fez colocarem-lhe o leito, a cabeça voltada para o norte, segundo antigo costume, e aí se estendeu. Depois, em completa lucidez de espírito, deu suas derradeiras instruções aos discípulos e deles se despediu.

98. P. – *Ele fez novas conversões em seus últimos momentos?*
R.– Sim, uma muito importante, um grande Brâmane sábio *(pandit)* chamado Subhadra. Pregou também aos príncipes Mallya e aos séquitos deles.

99. P. – *Que sucedeu na aurora?*
R.– Ele entrou no estado interior de *Samadhi* (de êxtase), e daí passou ao Nirvana.

100. P. – *Quais foram suas últimas palavras aos discípulos?*
R.– "Mendigos", disse ele, "compreendei bem agora que as partes e os poderes do homem se dissolvem, mas que a verdade perdura para sempre. Trabalhai para vosso bem, com diligência."

101. P. – *Que prova positiva temos da personalidade histórica do príncipe Sidarta, tornado Buda?*
R.– Sua existência está provada tão claramente quanto a de não importa qual outra figura da história antiga.

102. P. — *Pode apresentar algumas dessas provas?*

R. — 1) O testemunho daqueles que o conheceram pessoalmente.

2) A descoberta dos lugares e dos restos de edifícios mencionados nos relatos que lhe dizem respeito.

3) As inscrições sobre rochedos, colunas e dagobas erigidos em sua memória por soberanos bastante próximos da época em que ele viveu para poderem verificar a exatidão dos fatos.

4) A existência ininterrupta da ordem que ele fundou, e pela qual se transmite, de geração em geração, a história de sua vida, desde a origem.

5) O fato de se terem reunido, no próprio ano de sua morte e, mais, em diferentes épocas, assembléias e concílios de sua ordem, para examinar o texto dos ensinamentos do Fundador e a transmissão desses ensinamentos controlados, de mestre a pupilo, até nossos dias.

6) Após a cremação de seu corpo, suas cinzas foram repartidas entre oito Reis e um Stupa foi erigido sobre cada porção. A cinza dada ao rei Ajatashatru foi por ele coberta por um Stupa em Rajagriha; o imperador Asoka a retirou, pouco menos de dois séculos depois, e distribuiu-a através de seu Império: este último tinha à sua disposição todas as facilidades para

constatar a autenticidade das relíquias, já que, desde a incineração, elas estavam sob a guarda da casa real de Patna.

7) Diversos discípulos do Buda, sendo Arhats e mestres em prolongar sua existência, viveram certamente até bem velhos. Nada pôde impedir que dois ou três dentre eles, sucedendo-se um a outro, houvessem assim encadeado os anos decorridos entre a morte do Buda e o reino de Asoka, permitindo então a esse rei obter de contemporâneos os atestados requeridos sobre o fato da existência real do Buda.[1]

8) A *Mahavansa,* história antiga de inquestionável autenticidade, narra os eventos da história cingalesa do reinado do Rei Vijaya, 543 A.C. — quase a época do Buda — e dá, sobre ele, uma porção de detalhes, bem como sobre o Imperador Asoka e todos os outros soberanos que figuram na história Búdica.

103. P. — *Uma crença popular apresenta o Buda como um gigante de mais ou menos dezoito pés* de altura:baseia-se ela num relato histórico?*

---

1. Dois alunos de Ananda, por conseguinte centenários, assistiram ao segundo concílio, e nesse, reunido por Asoka, encontravam-se pupilos desses discípulos.

* O pé usado na Inglaterra e Estados Unidos equivale a aproximadamente 30cm48. Oito pés seriam então mais ou menos 2m36. (N. do T.)

R.— Não, não se pode citar qualquer menção desse fato. Lê-se apenas que ele era de incomparável beleza de formas e semblante, e que seu corpo trazia certos sinais que se vêem, diz-se, no corpo de cada Buda.

104. P — *Pode indicar alguma passagem em nossas Escrituras que confirme a idéia de ter ele a mesma forma que os outros homens?*
R.— Sim. Está escrito, no *Anguttara Nikaya,* que uma mulher, que costumava dar esmola a Maha Kashyappa, ofereceu-a uma vez ao Buda, tomando-o por seu discípulo, o que não se teria podido produzir se fosse ele um gigante, pois Maha Kashyappa era de estatura comum.

105. P. — *Quais são os epítetos respeitosos aplicados ao Buda?*
R.— Saquiamuni, o sábio Sakya, Saquia Simba (o leão Sakya); Sugata (o Ditoso); Satta (o Instrutor); Jina (o Conquistador); Bhagavat (o Beni); Loca-nata (o Senhor do mundo; Sarvajna (o Onisciente); e Dharmaraja (o rei de Verdade): Tatagata (o Grande Ser), etc.

SEGUNDA PARTE

O DHARMA OU DOUTRINA

106. P. – *Qual o significado da palavra Buda?*
R. – O iluminado, ou aquele que possui a perfeita sabedoria.

107. P. – *Você disse que, antes deste Buda, houve outros?*
R. – Sim, acreditamos que, em conseqüência da lei eterna de causalidade, um Buda nasce quando a humanidade, mergulhada em miséria devido à sua ignorância, tem necessidade da sabedoria que um Buda tem como missão ensinar (vide pergunta 11).

108. P. – *Como se desenvolve um Buda?*
R. – Uma pessoa que ouve e vê um dos Budas na terra toma a decisão de viver assim em época futura. Quando se tiver tornado apta a desempenhar essa função, tornar-se-á também um Buda, para guiar a humanidade para fora do ciclo dos renascimentos.

47

109. P. — *Como procede esse aspirante para tornar-se Buda?*

R. — Durante essa existência e as que se lhe seguem, esforça-se por refrear suas paixões, por adquirir a sabedoria pela experiência e por desenvolver suas mais elevadas faculdades. Torna-se, assim, gradualmente mais sábio, de um caráter mais nobre e mais firme na prática das virtudes, até que, finalmente, depois de incontáveis renascimentos, atinge o estado em que pode tornar-se Perfeito, Iluminado, Muito Sábio, o Instrutor ideal da raça humana.

110. P. — *Enquanto esse desenvolvimento gradual segue seu curso através de todos esses nascimentos, por que nome designá-lo?*

R. — Bodhisat ou Bodisativa. Assim como o príncipe Sidarta Gautama foi um Bodisativa até o momento em que, sob a árvore beni, Bodhi tornou-se Buda.

111. P. — *Dispõe-se de alguma menção de seus diversos renascimentos como Bodisativa?*

R. — No *Jatakatthakatha*, livro que contém as histórias das reencarnações do Bodisativa, existem várias centenas de tais menções.

112. P. — *Que lição ensinam essas histórias?*

R. — Que um homem, através de uma longa série de reencarnações, pode perseguir um grande e generoso desígnio, o que o ajuda a dominar suas más tendências e a desenvolver suas virtudes.

113. P. — *Pode-se fixar o número das reencarnações pelas quais deve passar um Bodisativa antes de tornar-se um Buda?*

R. — Não, na verdade; isso depende de seu caráter natural, do estado de desenvolvimento ao qual tenha ele chegado quando toma a resolução de tornar-se um Buda, e de outras coisas ainda.

114. P. — *Existe uma classificação para os Bodisativas?*

R. — Os Bodisativas — Budas futuros — dividem-se em três classes.

115. P. — *Pode descrevê-las?*

R. — Panadika, ou Udghatitagnya: "os que se realizam menos rapidamente"; Sadadika ou Vipachitagnya: "os que se realizam mais devagar"; Viriyadhika, ou Gneyya: "os que se realizam prontamente". Os Bodisativas Pragnadika seguem o caminho da Inteligência; os Sradadika, o da Fé; os Viriadika tomam o caminho da ação enérgica. Os primeiros, guiados pela Inteligência, não se apressam; os segundos, cheios de Fé, não se preocupam em seguir a direção da Sabedoria; os terceiros fazem sempre o bem sem tardança. Indiferentes ao que possa resultar para si, agem quando vêem que a ação é o que há de melhor.

116. P. — *Quando nosso Bodisativa se tornou Buda, diga uma palavra à qual ele atribui a miséria humana.*

49

R. — À ignorância (*Avidya*)
117. P. — *E qual o remédio?*
R. — Dissipar a ignorância e tornar-se sábio (Prajna).
118. P. — *Por que a ignorância causa o sofrimento?*
R. — Porque nos faz atribuir preço ao que não o tem, leva-nos a afligir-nos sem razão, a considerar como real o que é apenas ilusório, a passar a vida perseguindo objetivos sem valor e a negligenciar o que na verdade tem valor inestimável.
119. P. — *Qual é então esse tesouro inestimável?*
R. — Conhecer o segredo da existência e o destino do homem, e dar o justo valor a esta vida e ao que é relativo, para podermos viver de maneira a assegurar ao nosso próximo e a nós mesmos o máximo de felicidade e o mínimo possível de dor.
120. P. — *Qual a luz que pode dissipar nossa ignorância e afastar as penas?*
R. — O conhecimento daquilo que Buda denomina "As Quatro Nobres Verdades".
121. P. — *Pode enunciá-las?*
R. — 1º As misérias da evolução terrestre, que, vida após vida, repete os nascimentos e as mortes. 2º A causa primeira da dor, que é o desejo egoísta — incessantemente aguçado — de

se satisfazer, sem poder chegar à satisfação. 3º A supressão desse desejo. 4º Os meios de chegar a destruir o desejo.

122. P. – *Pode enunciar algumas das coisas que engendram a dor?*
R. – O nascimento, a decrepitude, a doença, a morte, a separação daqueles que se ama, a associação com os que inspiram repugnância, a necessidade daquilo que não pode ser obtido.

123. P. – *Essas coisas diferem para cada indivíduo?*
R. – Sim, mas todos os homens as sofrem em diversos graus.

124. P. – *Como escapar aos sofrimentos provenientes de desejos não saciados e de necessidades causadas pela ignorância?*
R. – Dominando-os completamente, destruindo essa sede ardente pela vida e seus prazeres, que é a causa da dor.

125. P. – *Como realizar essa conquista?*
R. – Seguindo o Nobre Óctuplo, caminho que Buda descobriu e revelou.

126. P. – *O que você entende por esse termo? Que é o Caminho do Nobre Óctuplo?*
R. – Denominam-se *angas* as oito partes desta senda. São elas: 1º a verdadeira crença (quanto à lei de Causalidade ou Carma); 2º O verdadeiro Pensamento; 3º A Linguagem verídi-

51

ca; 4º A ação verdadeira; 5º Os verdadeiros meios de existência; 6º O esforço leal; 7º A lembrança verdadeira e a disciplina interior; 8º A verdadeira concentração do Pensamento. O homem que observa estes *angas* libertar-se-á da dor e acabará por obter sua salvação.

127. P. — *Pode-se substituir a palavra salvação por outra?*
R. — Sim, Emancipação.

128. P. — *Emancipação de quê?*
R. — Das misérias da existência terrena e dos renascimentos, os quais, em ambos os casos, devem-se à ignorância e aos apetites impuros.

129. P. — *E, quando se obteve a salvação, ou essa emancipação, a que se chega?*
R. — Ao NIRVA'NA.

130. P. — *Que é o NIRVANA?*
R. — Uma condição de perfeito repouso, onde fica suprimida toda mudança; uma ausência de desejo, de ilusão e de pena; uma abolição total de tudo o que constitui o homem físico. Antes de chegar ao NIRVA'NA, o homem reencarna sem cessar; depois de ter atingido o NIRVA'NA, não mais renasce.

131. P. — *Onde se pode encontrar uma descrição erudita da palavra Nirvana, e uma lista dos outros nomes pelos quais os antigos escritores Pali tentaram defini-la?*
R. — No famoso "Dicionário da Língua

Pali", do finado M.R.C. Childers, encontra-se uma lista completa[1].

132. P. — *Mas algumas pessoas imaginam que o Nirvana seja uma espécie de mansão celeste, um Paraíso. O Budismo ensina isso?*

R. — Não. Quando Kutadanta perguntou ao Buda onde era o Nirvana, ele respondeu: "Está onde quer que os preceitos sejam observados."

133. P. — *Por que nós renascemos?*

R. — Pelo desejo egoísta insaciado (*trishna*, em Pali *tanha*) das coisas que fazem parte da existência pessoal no mundo material. Essa sede inextinguível pela existência física (*bhava*) é uma força que tem, por si mesma, um poder criador tão possante que reconduz o ser à vida terrestre.

134. P. — *A natureza de nossos desejos não realizados exerce alguma influência sobre nossas reencarnações?*

R. — Sim, assim como nossos méritos ou deméritos pessoais.

135. P. — *Nosso mérito ou demérito exerce uma influência sobre o estado, a condição, a forma de nossos renascimentos?*

R. — Sim, a regra, em geral, é que um excedente de mérito nos assegura um próximo

---

[1]. Childers concebe o Nirvana sob o ponto de vista mais pessimista, encarando-o como a aniquilação. Trabalhos mais recentes mostram-se em completo desacordo com esse modo de ver.

53

nascimento bom e feliz; um excesso de demérito, ao contrário, fará miserável e dolorosa nossa existência futura.

136. P. — *Então, a pedra angular da doutrina Budista é a idéia de que todo efeito resulta de uma causa?*
R. — Realmente, de uma causa imediata ou antiga.

137. P. — *Como se chama essa causalidade?*
R. — Aplicada aos indivíduos, é o Carma, a ação. Isso significa que nossos próprios atos nos acarretam alegria ou miséria, segundo a maneira pela qual tenhamos agido.

138. P. — *Um homem mau pode escapar às conseqüências de seu Carma?*
R. — Diz o *Dhammapada*: Não existe na terra, nem no céu ou no mar, nem mesmo na menor fenda das montanhas, onde se possa refugiar o autor de um ato mau, para escapar à retribuição.

139. P. — *E um homem bom, pode escapar-lhe?*
R. — Um homem, em conseqüência de ações de um mérito particular, pode obter, em sua próxima encarnação, vantagens de situação, de corpo, de meio e de instrução, vantagens essas que afastam os efeitos do mau Carma e ajudam em sua evolução superior.

140. P. — *Como se chamam esses homens?*

R. – *Gati Sampatti, Upadhi Sampatti, Kala Sampatti* e *Ayoga Sampatti.*

141. P. – *Isso está de acordo com o senso comum e os ensinamentos da ciência moderna?*

R. – Perfeitamente, não se pode duvidar.

142. P. – *Todos os homens podem tornar-se Budas?*

R. – Não é da natureza de todo homem tornar-se Buda num único Kalpa ou período mundial; pois são precisas longas idades para que se desenvolva um Buda e para que o estado da humanidade reclame absolutamente um tal Instrutor; é então que ele aparece, para mostrar de novo a senda olvidada que leva ao NIRVANA.

143. P. – *O Budismo ensina que o homem só renasce nesta nossa terra?*

R. – Em regra geral, seria este o caso, até o momento em que o homem evoluísse além deste nível; mas são inúmeros os mundos habitados. O mundo no qual uma pessoa deva renascer, assim como a própria condição de seu nascimento são determinados mais ou menos segundo o mérito ou demérito do indivíduo. Por outras palavras, sua reencarnação dependerá de suas atrações, como diria a Ciência, ou de seu Carma, como explicam os Budistas.

144. P. – *Existem mundos mais perfeitos e outros menos desenvolvidos que a nossa Terra?*

R. – Ensina o Budismo que há sistemas inteiros de mundos (*Sakwalas*) de diferentes espécies, mais elevadas e mais baixas, e que o desenvolvimento dos habitantes corresponde ao grau de superioridade ou inferioridade desses mundos nos quais eles são colocados.

145. P. — *O Buda não resumiu toda a sua doutrina num gatha ou estrofe?*
R. — Sim.
146. P. — *Pode repeti-la?*
R. — *Sabba papassa akaranam
Kusalassa upasampada
Sachitta pariyo dapanam —
Etam Buddhanusasanam.*
Ou seja:
"Abster-se de todas as más ações.
Gerar tudo o que é bom.
Purificar o Espírito.
Eis o conselho permanente dos Budas."
147. P. — *Há algo de particular nas três primeiras linhas destes versos?*
R. — Sim: A primeira encerra a essência do *Vinaya Pitaka*; a segunda, a do *Sutta;* a terceira, a do *Abhidhamma*. Elas se resumem a apenas oito palavras da língua Pali, e, como a gota de orvalho reflete as estrelas, elas rebrilham da espiritualidade de todo o Buda Dharma.
148. P. — *Esses preceitos mostram ser o Budismo uma religião passiva ou ativa?*
R. — "Abster-se de pecado" pode ser considerado como estado passivo, mas "alcan-

çar a virtude" e "purificar seu próprio coração", ou seu espírito, exigem qualidades *ativas*. Buda ensina que não nos devemos contentar em ser inofensivos, mas que devemos ser *positivamente bons*.

149. P. – *Quais são os "Três Guias"*[1] *que se supõe que o Budista siga?*

R.– Eles são descritos na fórmula denominada *Tisarana*: – "Sou Buda como meu Guia;

---

1. *Saranam*. Wijesinha Mudalyar escreve-me: "Até aqui, os indianistas europeus, vagamente seguidos pelos estudiosos hindus do Pali, traduziram esta palavra – de maneira tão errônea quanto imprópria – por *Refúgio*. Nem a etimologia Pali, nem a filosofia Budista justificam essa tradução. *Refúgio*, no sentido de lugar de deserção ou de abrigo, é inteiramente estranho ao verdadeiro Budismo, que insiste em que todo homem trabalhe para sua própria emancipação. A raiz *Sri*, em sânscrito (*sara* em Pali) significa mover-se, ir, de sorte que *Saranam* indicaria um movimento, ou aquilo ou aquele que vai adiante ou com um outro – um Guia, ou um Auxílio. Dou ao trecho a seguinte construção: *Gacchami*, vou, *Budhama* a Buda, *Saranam*, como a meu Guia. A tradução do *Tisarana* como "Os Três Refúgios" deu ensejo a um grande mal-entendido, e, para os antibudistas, foi um fértil pretexto para reprocharem aos budistas o absurdo de tomar Refúgio em não-entidades e crerem em irrealidades. O termo Refúgio não é mais aplicável a Nirvana, do qual *Saranam* é sinônimo. "O Grão-Sacerdote me chama a atenção para o fato de que a raiz Pali *Gacchami* pode ser assim expressa: "Vou a Buda, à Lei, e à Ordem, como aos destruidores de meus temores; – o primeiro por sua predicação, o segundo por sua verdade axiomática, o terceiro por seus exemplos e preceitos virtuosos".

sou a Lei como meu Guia; sou a Ordem como meu Guia". Estas três declarações constituem na verdade o Buda Dharma.

150. P. — *O que ele quer dizer, repetindo essa fórmula?*

R.— Quer dizer que encara o Buda como seu mui sábio Instrutor, amigo e modelo; a Lei ou Doutrina, como contendo os princípios essenciais e imutáveis de Justiça e de Verdade, e como sendo a senda que conduz à paz perfeita do Espírito sobre a terra; e que, para ele, os membros da Ordem são os mestres e exemplos vivos desta excelente Lei ensinada pelo Buda.

151. P. — *Mas, não existem membros dessa "Ordem" que sejam intelectual e moralmente inferiores?*

R.— Sim, mas Buda nos ensina que só constituem sua "Ordem" aqueles que observam os Preceitos, disciplinam sua inteligência e se esforçam para alcançar um dos oito graus de santidade. Declara-se expressamente que a ordem citada no "Tisarana" é a "Attha Ariya Puggala", e aplica-se aos nobres seres que chegaram a um dos oito graus da perfeição.

O simples fato de usar uma veste amarela, ou mesmo de ter recebido a ordenação não confere a um homem a pureza, a sabedoria ou o direito ao respeito.

152. P. — *Então, não são os bhikshus* indignos, que o verdadeiro Budista aceita por Guias?* R.— Certamente não.
153. P. — *Quais as cinco observâncias ou preceitos universais denominados Pança Sila, impostos aos leigos em geral?*
R.— Eles se incluem na fórmula seguinte, que os Budistas repetem publicamente nos templos (*Viharas*):
Observo o preceito de me abster de destruir a vida dos seres.
Observo o preceito de me abster de roubar.
Observo o preceito de me abster de relações sexuais ilegais[1].
Observo o preceito de me abster da mentira.
Observo o preceito de me abster de embriagar-me.

---

* Bhikshu — palavra do Sânscrito, que significa mendicante. Sacerdote Budista que devia observar, entre outros preceitos, o da Pobreza, levando sempre consigo, como um dos oito objetos obrigatórios, uma gamela para mendigar. (N. do T.).
1. Esta prescrição aplica-se naturalmente aos leigos que não costumam professar senão os cinco preceitos. O bhikshu deve observar absoluto celibato. Igualmente, o leigo que se sujeita a seguir durante certo tempo oito dos dez preceitos deve guardar celibato durante esse tempo. Os cinco preceitos foram destinados por Buda a todos os tipos de pessoas. Seja-se ou não budista, os cinco e os oito preceitos podem ser vantajosamente seguidos por todo mundo. O que o budista, mais especialmente, faz é valer-se dos "Três Refúgios".

59

154. P. — *Qual a reflexão que se impõe à pessoa inteligente, à leitura destes preceitos?*

R. — Que aquele que os observa estritamente escapa a tudo o que produz as misérias humanas. Se estudarmos a história, poderemos verificar que todos os males derivam de uma ou outra dessas causas.

155. P. — *Quais desses preceitos testemunham o melhor da Sábia previsão do Buda?*

R. O 1º, o 3º e o 5º, pois o homicídio, a sensualidade e o uso de excitantes entram em pelo menos 95 por cento nos sofrimentos humanos.

156. P. — *Quais os benefícios que um homem retira da observância desses preceitos?*

R. — Ele adquire, diz-se, mais ou menos mérito, segundo a maneira, a duração e o número de suas observâncias, ou seja, se observa apenas um preceito, violando os outros quatro, não colhe senão o mérito de sua observância. Aquele que segue todos os preceitos, com inviolável fidelidade, assegura para si, no futuro, uma existência mais elevada e mais feliz.

157. P. — *Quais são as outras observâncias que o leigo pode voluntária e meritoriamente seguir?*

R. — O *Atthanga Sila*, ou Preceito Óctuplo, que compreende as cinco regras acima enumeradas (suprimindo-se a palavra "ilegal" na 3ª), e acrescentando-lhes três artigos, a saber:

Observo o preceito de me abster de comer, quando for inútil.

Observo o preceito de me abster de dançar, de cantar, da música, de exibições inconvenientes, do uso das guirlandas, cosméticos, unções e ornamentos.

Observo o preceito de me abster de leitos largos e elevados.

Aquele que é votado ao celibato deve evitar esses assentos e leitos que os mundanos usam para o prazer e a satisfação sensuais.

158. P. – *Como um Budista descreveria o verdadeiro mérito?*

R.– Nenhum ato exterior traz em si mesmo um grande mérito; tudo depende do motivo interior que provocou a ação.

159. P. – *Pode dar um exemplo disso?*

R.– Um homem rico pode gastar fortunas edificando templos ou escolas, erigindo estátuas de Buda, em festas e procissões, alimentando os sacerdotes, dando esmolas aos pobres, ou plantando árvores, cavando reservatórios ou ainda construindo casas de repouso, ao longo das estradas, para os viajantes, e, no entanto, terá comparativamente pouco mérito, se tiver agido apenas por ostentação, para receber louvaminhas ou por outros motivos egoísticos. Mas aquele que faz a menor dessas coisas com bondade, por caridade para com seus semelhantes, adquire um grande mérito. Uma boa ação, nascida de má

61

intenção, aproveita aos outros, mas não a seu autor. Aquele que aprova a boa ação realizada por outro partilha-lhe o mérito, desde que sua simpatia seja real, não falsa. Aplica-se igualmente a mesma regra às más ações.

160. P. – *Mas, qual a ação que se nos apresenta como a maior, dentre todas as ações meritórias?*

R.– O "Dhammapada" declara que o mérito de divulgar o Dharma, a Lei do verdadeiro Dever, é maior que o de qualquer outra boa obra.

161. P. – *Quais os livros que contêm a sabedoria mais excelsa dos ensinamentos de Buda?*

R.– As três coleções de livros denominadas *Tripitakas* ou *Três Cestos*.

162. P. – *Quais os nomes dos três Pitakas, ou grupos de livros?*

R.– O *Vinaya Pitaka*, o *Sutta Pitaka* e o *Abhidamma Pitaka*.

163. P. – *Que contêm eles, respectivamente?*

R.– O primeiro contém tudo o que trata da moral e das regras disciplinares para o governo do Sangha, ou da Ordem; o segundo encerra discursos instrutivos sobre questões éticas, aplicáveis a todos; o terceiro explica os ensinamentos psicológicos do Buda, compreendendo as vinte e quatro leis transcendentais que explicam as obras da Natureza.

164. P. – *Os Budistas acreditam que esses livros tenham sido inspirados ou revelados por um Ser divino?*

R.– Não, mas os reverenciam porque eles contêm a Mui Excelsa Lei cujo conhecimento permite a qualquer homem romper as amarras de *Samsara*.

165. P. – *Quantas palavras conta o texto completo dos três Pitakas?*

R.– O Dr. Rhys-Davids calcula que haja 1.752.800.

166. P. – *Quando foram redigidos esses livros?*

R.– Cerca de 80 anos antes da Era Cristã, sob o reinado do rei cingalês Wattagamini, ou 330 anos depois do Parinirvana de Buda.

167. P. – *Acredita-se que nos sejam conhecidos todos os discursos de Buda?*

R.– Não, provavelmente, pois que, durante os quarenta e cinco anos de sua vida pública, deve ele ter pregado centenas de vezes; muitos desses discursos devem ter-se perdido ou extraviado em países distantes ou ainda ter sido mutilados nos tempos de guerra ou de perseguição.

168. P. – *Os Budistas consideram o Buda como uma pessoa capaz de, por sua própria virtude, poder salvar-nos das conseqüências de nossos pecados individuais?*

R.— Absolutamente. O homem deve emancipar-se a si mesmo. Até que ele se liberte, continuará a nascer e renascer, indefinidamente, vítima da ignorância e escravo de paixões insaciadas.

169. P. — *Que era então o Buda, para nós e para os outros seres?*

R.— Um conselheiro muito perspicaz e muito sábio, que, tendo descoberto a via da salvação, revelou-a; que mostrou a um tempo a causa dos sofrimentos humanos e o único remédio para curá-los. Ele se tornou nosso Guia ao indicar-nos o caminho e os meios de escapar aos perigos. Ele é, para nós, como aquele que salva a vida de um cego, conduzindo-o sobre a ponte estreita que se lança sobre uma torrente rápida e profunda.

170. P. — *Se quiséssemos tentar exprimir toda a doutrina de Buda por uma única palavra, qual seria ela?*

R.— Justiça.

171. P. — *Por quê?*

R.— Porque essa doutrina ensina que cada homem, pela operação infalível do CARMA, recebe exatamente a recompensa ou o castigo que tenha merecido, nem mais nem menos. Nenhuma ação, boa ou má, quão insignificante ou secreta possa ela ser, escapa aos exatos balanços do Carma.

172. P. – *Que é Carma*[1]*?*
R.– Uma causa operante, no plano moral como no físico, e nos outros planos. Dizem os Budistas que não existem milagres nos negócios humanos: o que um homem semeia, isso ele colhe.
173. P. – *Quais os outros termos empregados para exprimir a essência do Budismo?*
R.– Cultura pessoal e amor universal.
174. P. – *Qual a doutrina que enobrece o Budismo e o coloca tão alto entre as religiões do mundo?*
R.– A de *Mitta* ou *Maitreya* – a Compaixão. A importância dessa doutrina é ainda acentuada pelo nome de "Maitri" (o Compassivo), dada ao Buda emergente.
175. P. – *Foi ao pé da árvore Bô que Buda meditou sobre todos esses pontos de doutrina que você acaba de explicar?*
R.– Sim, sobre esses pontos e sobre muitos outros ainda que se podem ler nas Escrituras Budistas. O conjunto total do Budismo se apresentou a seu espírito durante a Grande Iluminação.

---

1. Define-se Carma como a soma total das ações de um homem. A Lei de causa e efeito denomina-se *Paticca Samuppada Dhamma*, no *Anguttara Nikaya;* o Buda ensina que "minha ação é posse minha", e que "minha ação é minha herança, minha ação é a matriz que me sustenta, minha ação é meu parente, minha ação é meu refúgio".

65

176. P. — *Quanto tempo o Buda permaneceu sob a árvore Bô?*
R. — Quarenta e nove dias.

177. P. — *Como chamamos o primeiro discurso pronunciado pelo Buda e dirigido aos seus cinco primeiros companheiros?*
R. — O *Dhammacakka-ppavattana sutta*, o sutra da definição da Regra de Doutrina[1].

178. P. — *De que temas ele tratou nesse discurso?*
R. — As "Quatro Nobres Verdades" e a "Nobre Senda Óctupla". Ele condenou, de um lado, as mortificações físicas exageradas dos ascetas, e, de outro, a busca dos prazeres sensuais; indicou e recomendou a nobre Vereda Óctupla como a via intermediária.

179. P. — *O Buda admitia o culto aos ídolos?*
R. — Naturalmente era-lhe contrário. O Buda condenava o culto dos deuses, demônios,

---

1. Depois da primeira edição deste catecismo, recebi de um dos mais eruditos escritores Palis do Ceilão, o falecido Corneille Wijesinha, Mudaliar de Matale, um significado da palavra *Dhammacakka-ppavattana* melhor do que o aqui relacionado, a saber, "implantação do reino da Lei". O professor Rhys-Davids prefere "a fundação do reino da retidão (ou correção)." O supracitado autor diz que se pode admitir este último significado, mas que é mais teológico que filosófico. O Grão-sacerdote Sumangala é da mesma opinião.

árvores, etc. O culto exterior é um entrave que se deve suprimir à medida que se ascende.*

180. P. — *Mas os Budistas não se prosternam diante da estátua de Buda, e não veneram suas relíquias e os monumentos que as encerram?*
R.— Sim, mas não com o sentimento da idolatria.

181. P. — *E qual a diferença?*
R.— Nosso irmão pagão toma suas imagens pela representação visível de seu deus ou deuses; o perfeito idólatra crê, além do mais, que o ídolo, objeto de sua adoração, contém em sua substância uma parte da divindade onipresente.

182. P. — *Que pensa o Budista?*
R.— O Budista não reverencia a estátua de Buda e as outras coisas citadas senão como lembranças do maior e mais sábio dos homens, do mais benevolente e compassivo deste período

---

* Tanto Buda quanto Cristo e Maomé pregam o mesmo repúdio aos ídolos. Do ponto de vista histórico-antropológico, poder-se-ia dizer que eles assinalam a transição do estágio mágico-fetichista para o estágio teológico do pensamento religioso. Das três grandes correntes religiosas derivadas desses três líderes carismáticos, parece que o Islamismo foi a que, nesse ponto, permaneceu mais fiel ao ensinamento de seu fundador. No que concerne ao Cristianismo, um dos itens colocados durante a Reforma foi esse, e assim é que os Protestantes — das inúmeras seitas hoje existentes — aboliram a iconografia católico-romana, que, de resto, deu ensejo ao nascimento de alguns dos maiores tesouros artísticos já partejados por mãos humanas. (N. do T.).

mundial (Kalpa). Todas as raças e todos os povos conservam com desvelo as relíquias e aquilo que evoca os homens e mulheres que tenham sido, por um motivo ou outro, considerados como grandes. O Buda, a nossos olhos, merece, mais que qualquer outro, ser amado e reverenciado por cada ser humano que conheceu a dor.

183. P. — *O Buda deu sua opinião sobre esse assunto?*

R.— Certamente. No *Maha Parinibanesutta*, diz ele que só se alcança a liberação mantendo-se uma vida santa segundo a nobre Via Óctupla, e não pelo culto exterior (*amisa puja*), nem dirigindo homenagens a ele ou a outro, ou a imagens.

184. P. — *Que pensava o Buda do Cerimonial?*

R.— Desde o começo, condenou o costume das cerimônias e outras práticas exteriores que não tendem senão a aumentar nossa cegueira espiritual e nosso apego às formas inertes.*

---

* Também neste item nota-se o papel de Buda como agente da transição do estágio mágico-ritual para o estágio metafísico e mais espiritualizado do pensamento religioso. Neste ponto, Cristo precisou conduzir-se com mais flexibilidade e tato, pois a sociedade em que ele nasceu desenvolvera um vínculo profundo e vital com a tradição Mosaica, essencialmente ritualista. É claro que Yeshua de Nazaré sabia, ou intuía, que o brusco rompimento com um vínculo de tal ordem só faria lançar seu povo no caos social, étnico e religioso. (N. do T.).

185. P. – *Ele aprovava as Controvérsias?*
R.– Ele denuncia esse hábito pernicioso em inúmeros discursos. Prescrevia penitências aos bhikshus que perdiam seu tempo e enfraqueciam sua intuição mais elevada disputando sobre teorias e sutilezas metafísicas.*
186. P. – *Os feitiços, encantamentos, escolha das horas reputadas favoráveis, a dança do diabo, essas coisas fazem parte do Budismo?*
R.– Essas coisas positivamente repugnam aos princípios fundamentais do Budismo. São resquícios do fetichismo, do panteísmo e outros cultos estranhos. No *Brahmajala Sutta*, o Buda descreveu categoricamente essas superstições e outras do gênero, como pagãs, ignóbeis e contrárias a qualquer verdade[1].
187. P. – *Pode indicar o contraste notório que existe entre o Budismo e aquilo a que se pode chamar as religiões?*

---

* Também Cristo apostrofa os Fariseus e as eternamente beligerantes facções do clero judaico da época – saduceus, zelotes, etc. – que o infindável debate sobre os detalhes da Lei acabara lançando num pernicioso menosprezo da Ação. (N. do T.).

1. A mistura dessas artes e práticas com o Budismo é um sintoma de deterioração. Certos fatos e fenômenos são reais e podem ser cientificamente explicados. Qualificamo-los de "mágicos", mas quando a eles se recorre para desígnios egoístas, atraem más influências e entravam o progresso espiritual. Quando deles se usa para um fim inofensivo ou benfazejo, como curar doenças, salvar a vida, etc., Buda autorizava seu emprego.

69

R.— Entre outras coisas, ensina o Budismo: a bondade mais sublime, sem um Deus criador; a continuidade da vida, sem aceitar a doutrina egoísta e supersticiosa de uma alma-substância eterna e metafísica distinta do corpo; a bemaventurança sem um céu objetivo; um método de salvação sem um salvador expiatório; uma redenção da qual se é o próprio Redentor. Nada de ritos, de preces ou penitências; nada de sacerdotes, nem a intercessão de santos, e um *summum bonum*, a saber: o Nirvana, acessível neste mundo e durante esta vida, por meio de uma vida pura, altruísta, votada à sabedoria e à compaixão para com todos os seres.

188. P. — *Pode especificar quais as duas principais divisões da "meditação" ou o processo pelo qual se suprime a paixão e se chega ao conhecimento?*

R.— *Samatha* e *Vidarsana*: 1) atenua-se a paixão levando-se a vida santa e fazendo um contínuo esforço por subjugar os sentidos; 2) chega-se à sabedoria supranormal pela reflexão. Cada um desses processos compreende vinte aspectos, que seria inútil explicar aqui.

189. P. — *Quais são as quatro sendas ou graus de progresso a que se pode chegar?*

R.— 1) *Sotapatti*: a clara percepção das "quatro nobres verdades", que permite adentrar o caminho; 2) *Sakardagami*, o caminho daquele que dominou a voluptuosidade, o rancor, a ilusão, a ponto de não precisar retornar senão uma vez a este mundo; 3) *Anagami*, o grau dos que chegaram a tal ponto de autodomínio que não precisam mais voltar a esta terra; 4) *Arhat*, estado do santo e digno Arhat, que não apenas se liberou da necessidade de reencarnar, como também alcançou o gozo da perfeita sabedoria, da piedade sem limite pelos ignorantes e sofredores, e do incomensurável amor por todos os seres.

190. P. — *O Budismo popular só contém aquilo que é verdadeiro e de acordo com a ciência?*

R.— Como qualquer outra religião antiga, contém, certamente, hoje, erros mesclados à verdade. A imaginação poética, o zelo ou as superstições conservadas pelos devotos budistas adicionaram, em diferentes épocas, aos nobres princípios da doutrina moral do Budismo, coisas que poderiam ser suprimidas com vantagem.

191. P. — *Qual deveria ser o ardente desejo do verdadeiro Budista, quando se descobrem essas deformações da verdade?*

R.— O Budista sincero deve estar sempre ansioso por ver rejeitado o falso e estar pronto, se puder, a contribuir para tal eliminação. Três grandes concílios do Sangha reuniram-se expressamente com a finalidade de livrar o corpo da doutrina de todas as interpolações malsãs.

192. P. — *Quando?*

R.— O primeiro, na Gruta de Sattapanni, imediatamente após a morte do Buda; o segundo

71

em Valukarama, em Vaisali; o terceiro em Asokarama Vihara, em Pataliputra, 235 anos depois da morte do Buda.

193. P. — *Em que discurso o próprio Buda nos põe de sobreaviso contra a provável perversão da verdadeira doutrina?*
R.— No Sanguta Nikaya.

194. P. — *Existem, no Budismo, dogmas que devam ser aceitos sem exame*?*
R.— Não. Recomenda-se vivamente que nada se admita com fé cega, seja escrito nos livros, transmitido pelos ancestrais ou ensinado pelos sábios.

195. P. — *Ele mesmo ensinou realmente essa nobre regra?*
R.— Sim. O Buda declarou que não devemos crer numa palavra, simplesmente porque tenha ela sido pronunciada; nem nas tradições, porque transmitidas desde a antigüidade; nem em rumores da mesma origem; nem nos escritos dos sábios, por terem sido escritos pelos sábios, nem em imaginações que possamos supor terem sido inspiradas por um deva (ou seja, uma suposta inspiração espiritual); nem nas deduções que possamos tirar de qualquer suposição por nós feita ao acaso; nem numa analogia que pare-

---

* Ou, como se diz na linguagem teológica, "verdades apodíticas". (N. do T.)

ça necessária; nem na exclusiva autoridade de nossos próprios mestres e instrutores.
196. P. – *Em que, então, devemos crer?*
R.– Quando os escritos, a doutrina e as palavras são corroborados por nossa consciência e nossa própria razão, então devemos crer. "Para isso", dizia ele, concluindo, "ensinei-vos a não crer unicamente por vos terem dito; mas quando, por vossa própria consciência, crerdes, agi então de conformidade, sem reserva." (Ver o *Kalama Sutta* do *Anguttara Nikaya* e o *Maha Parinibanesutta*).
197. P. – *Como o Buda considerava a si mesmo?*
R.– Ele dizia que ele e os outros Budas são apenas "pregadores" da verdade, que mostram o caminho, e que cumpre a nós mesmos empreender a tentativa.
198. P. – *Onde se diz isso?*
R.– No capítulo XX do *Dhammapada*.
199. P. – *O Budismo incentiva a hipocrisia?*
R.– Diz o *Dhammapada*: "Como uma flor de brilhante colorido, mas sem perfume, as belas palavras, não seguidas de atos conformes permanecem estéreis."
200. P. – *O Budismo ensina a pagar o mal com o mal?*
R.– No *Dhammapada*, diz o Buda: "Se tolamente um homem me faz o mal, dispensar-lhe-ei com prodigalidade a proteção de meu

amor; e quanto mais ele me fizer o mal, mais lhe pagarei com o bem." Este é o caminho seguido pelo Arhat[1]. Pagar o mal com o mal é positivamente proibido pelo Budismo.

201. P. — *O Budismo admite a crueldade?*

---

[1]. Asceta budista que, seguindo certas prescrições de vida, atingiu um estado superior de desenvolvimento intelectual. Pode-se dividir os Arhat em dois grupos principais: os *Samathayanika* e os *Sukkha Vipassakka*. Os primeiros suprimiram suas paixões e desenvolveram plenamente suas capacidades intelectuais ou a virtude mística interior; os segundos estão igualmente libertos de toda a paixão, mas não adquiriram os poderes da mentalidade superior. Os primeiros podem produzir fenômenos, os últimos não. O Arhat da primeira classe, chegado ao completo desenvolvimento, escapa às ilusões dos sentidos, à escravidão da paixão e à fragilidade humana. Penetra na raiz de qualquer assunto sobre o qual seu espírito se detenha, sem necessidade de seguir uma série de raciocínios. Sua conquista de si mesmo é total e está longe da emoção e do desejo que movem e entravam o homem comum; ele plana numa condição que é melhor definida pelo termo "nirvânica". Uma lenda popular — e falsa — corrente no Ceilão pretende que o estado de Arhat se tornou inacessível, tendo o próprio Buda profetizado que o poder necessário extinguir-se-ia mil anos após sua morte. Esse boato, e outro semelhante, muito divulgado na Índia — segundo o qual, sendo esse período o sombrio ciclo de *Kali-Yuga*, a prática da sublime ciência espiritual (Yoga Vidya) é impossível — podem ser atribuídos à engenhosa interpretação dos que deveriam ser tão puros e psiquicamente sábios quanto seus predecessores, mas que não o são e procuram desculpas! O Buda ensinou absolutamente o contrário; disse ele: "Escuta, Subbhadara! O mundo jamais será privado de Arhats, se os ascetas bhikshus de minhas congregações *guardarem bem e em verdade meus preceitos.*" (Digha-Hikaya).

R.— Não, em verdade! Nos cinco preceitos, e em muitas de suas preleções, recomenda-nos o Buda a compaixão para com todos os seres, recomenda-nos que é preciso amar a todos e tentar tornar-se feliz. Ordena também que se se abstenha de tirar a vida, de consentir o assassínio ou incentivar a execução.
202. P. — *Em que preleção está isso?*
R.— O *Dhammika Sutta* diz: que o senhor da casa não destrua nem consinta na destruição de qualquer vida, *nem sancione os atos dos que matam*. Que se abstenha mesmo de fazer mal a uma criatura qualquer.[1]
203. P. — *O Budismo aprova a embriaguez?*
R.— No seu *Dhammika Sutta*, alerta-nos contra o uso dos licores, que não devemos nem incentivar nem aprovar nos outros.[2]
204. P. — *A que leva a embriaguez, digamos assim?*
R.— Ao menosprezo, ao crime, à loucura e à ignorância, causa principal da reencarnação.
205. P. — *Que ensina o Budismo, com respeito ao casamento?*

---

1. Kolb, em sua *História da Cultura*, diz: "É ao Budismo que devemos a prática de indultar os prisioneiros de guerra, até então massacrados; ele suprimiu igualmente o costume de levar em cativeiro as populações dos países conquistados".

2. O 5º verso ocupa-se exclusivamente da ingestão de drogas excitantes ou estupefacientes, que acabam por conduzir à embriaguez.

R.— A castidade absoluta é uma condição do completo desenvolvimento espiritual, e tida em mui alta conta; mas o casamento com uma só mulher, à qual se é fiel, é considerado como relativamente casto. O Buda censurava a poligamia como de molde a lançar na ignorância e excitar a devassidão.
206. P. — *Em que preleção?*
R.— O *Anguttara Nikaya*, capítulo IV, 55.
207. P. — *Que ensina o Budismo sobre o dever dos pais em face dos filhos?*
R.— Que os devem preservar do vício, criá-los na virtude; fazer ensinar-lhes as artes e ciências; prover-lhes mulheres e maridos que lhes convenham e fazê-los seus herdeiros.
208. P. — *E quanto ao dever dos filhos?*
R.— É seu dever sustentar os pais idosos ou necessitados; cumprir os deveres familiares que lhes incumbam; guardar seus bens, manter-se dignos de ser seus herdeiros e, quando mortos os pais, honrar-lhes a memória.
209. P. — *E quanto ao dever dos alunos para com seus instrutores?*
R.— Eles devem respeitá-los, servi-los, obedecer-lhes; prover-lhes às necessidades e escutar suas instruções.
210. P. — *E quanto ao dever do marido para com a esposa?*
R.— Ter-lhe estima, tratá-la com respeito e bondade; ser-lhe fiel; fazê-la honrar pelos ou-

tros e assegurar-lhe as vestes e adornos adequados.
211. P. — *E a esposa, em face ao marido?*
R.— Deve manifestar-lhe afeição; bem dirigir sua casa; ser hospitaleira para com os hóspedes; casta e econômica, mostrar habilidade e atividade em todas as coisas.
212. P. — *Onde se encontram tais preceitos?*
R.— No *Sigalovada Sutta.*
213. P. — *As riquezas ajudam o homem a conquistar a felicidade futura?*
R.— Diz o *Dhammapada:* "Uma é a estrada que leva à fortuna; *diversa* a que conduz ao Nirvana."*
214. P. — *Isso quer dizer que nenhum rico pode aspirar ao Nirvana?*
R.— Isso depende do que ele prefere. Se emprega sua fortuna em favor da humanidade, para ajudar aos que sofrem, os oprimidos e os ignorantes, então sua opulência lhe granjeia méritos.
215. P. — *E o contrário?*
R.— Mas, se o rico ama e acumula avidamente o dinheiro por paixão de possuí-lo, seu

---

* A posição de Cristo em face da riqueza material é semelhante: embora ele não afirme a total impossibilidade de se alcançar a graça convivendo-se com a fortuna, diz que "é mais fácil passar um camelo pelo fundo de uma agulha do que um rico entrar no reino dos céus". E, como Buda, usa textualmente a figura da "estrada estreita" que "leva à casa de meu Pai". (N. do T.).

77

senso moral se enfraquece, impele-o ao crime; é ele maldito nesta vida e os efeitos se fazem sentir em sua próxima encarnação.
216. P. — *Que diz o Dhammapada sobre a ignorância?*
R.— Que é a pior das taras que um homem possa infligir-se.
217. P. — *O que diz ele sobre a má vontade para com o próximo?*
R.— Que a falta dos outros é facilmente perceptível, e a que nós mesmos cometemos, difícil de reconhecer;* como a palha miúda, o homem lança ao vento as faltas de seu vizinho, mas esconde as suas próprias; é assim que um trapaceiro dissimula ao seu parceiro o dado viciado do qual se serviu.
218. P. — *Qual é, segundo Buda, o dever para com os pobres?*
R.— Diz ele que se deveria dividir em quatro partes a renda líquida e conservar uma para obras filantrópicas.
219. P. — *Quais são as cinco ocupações consideradas como baixas e vis?*
R.— Vender bebidas alcoólicas, vender animais destinados à matança, vender veneno,

---

* A idéia budista, aqui, equivale perfeitamente à do "Hipócrita, tira antes o argueiro do teu olho, antes de apontares para o de teu irmão", ou "Médico, cura-te antes a ti mesmo" da Escritura cristã. (N. do T.).

armas mortíferas, e entregar-se ao tráfico de escravos.

220. P. — *Quais são as pessoas designadas como incapazes de realizar o progresso espiritual?*

R. — Os assassinos de pai ou mãe e dos santos Arhats; os bhikshus que semeiam a discórdia na ordem; os que procuram obstar a pessoa de um Buda; os que têm perspectivas extremamente niilistas com respeito à existência futura e os que possuem a sensualidade em excesso.

221. P. — *O Budismo menciona os lugares ou condições de tormento nos quais o Carma de um homem mau pode lançá-lo quando ele deixar esta vida?*

R. — Sim. São eles: Sanjiva; Kalasutra; Sanghata; Raurava; Maha Taurava; Tapa; Pratapa; Avichi.

222. P. — *O tormento é eterno?*

R. — Claro que não. Sua duração depende do Carma do homem.

223. P. — *O Budismo declara que os que não crêem em Buda serão necessariamente danados?*

R. — Não. Por boas ações, poderão desfrutar de um período limitado de bem-aventurança, antes de reencarnar, não se tendo esgotado o seu *tanha*[1]. Para escapar ao renascimento, é preciso seguir a nobre Senda Óctupla.

---

1. Desejo de viver.

224. P. – *Qual o valor espiritual da mulher, do ponto de vista do Budismo?*
R. – Segundo nossa doutrina, ela encontra-se em pé de perfeita igualdade com o homem. "A mulher", diz o Buda, no *Chullavedalla Sutta*, "pode chegar ao grau mais elevado de santidade", ao estado de Arhat, como o homem.

225. P. – *Qual a opinião de um crítico moderno sobre a influência do Budismo no destino da mulher?*
R. – Sir Lepel Griffin diz que "o Budismo fez mais pela felicidade e libertação da mulher do que qualquer outra crença religiosa".

226. P. – *Que ensinava o Buda a propósito das castas?*
R. – Que não se pertence, por nascença, a qualquer casta, Pária ou Brâmane, mas pelos atos. "Por suas ações", diz ele, "torna-se um Pária, por suas ações, um Brâmane." (Ver *Vasala Sutta*).

227. P. – *Pode dar um exemplo que o prove?*
R. – Ananda, passando perto de um poço, tinha sede; pediu água a Prakriti, moça pária. Respondeu-lhe ela que pertencia a uma casta tão vil que ele se contaminaria, tomando a água que ela lhe oferecesse. Replicou-lhe Ananda: "Não peço a casta, mas a água"; e o coração da pária se alegrou, e ela lhe deu de beber. O Buda abençoou-a por isso.

228. P. – *Que dizia o Buda no Vasala Sutta sobre um homem da casta Pária Sopaka?*

R.– Que, por seus méritos, tinha ele atingido o mais alto renome; que inúmeros guerreiros e Brâmanes tinham ido servi-lo e que, depois de sua morte, tinha nascido no mundo de Brama, ao passo que muitos brâmanes, por suas más ações, nascem no inferno.

229. P. – *O Budismo ensina a imortalidade da alma?*

R.– Ele considera a palavra "alma", empregada pelos ignorantes, como expressão de uma falsa idéia. Se todas as coisas são sujeitas à mudança, o homem também o é, e todas as suas partes materiais mudam. O que é sujeito à transformação não é permanente, e não pode haver sobrevivência imortal para um objeto passageiro[1].

230. P. – *Por que essa objeção contra a palavra alma?*

R.– A idéia expressa por essa palavra implica que o homem pode ser uma entidade separada de todas as outras entidades e da existência universal. Essa idéia desarrazoada de separa-

---

1. A palavra "alma" aqui empregada, é equivalente ao grego *psychê*. A palavra "material" estende-se a outros estados de matéria, além do corpo físico.

81

ção não pode ser logicamente provada nem sustentada pela Ciência*.
231. P. – *Não há, então, um "eu" separado, e não podemos dizer "meu" isso ou aquilo?*
R. – Exatamente. Não há senão um Todo, do qual nós e todos os seres e todas as coisas somos apenas partes.
232. P. – *Se a idéia de uma "alma" humana separada deve ser rejeitada, o que é que dá ao homem a impressão de ter uma personalidade permanente?*
R. – Tanha, ou o desejo insaciável de viver na terra. O ser que tenha merecido uma recompensa ou castigo futuro, e que possua esse desejo, renascerá sob a influência do Carma.
233. P. – *O que é que renasce?*
R. – Uma nova agregação de Skandhas[1],

---

*Diversos povos da Antigüidade, notadamente os gregos, também não concebiam a dualidade corpo-alma, como nos acostumamos a aceitar por herança da cultura judaico-cristã. (N. do T.).

1. Após reflexão, substituí "personalidade" por "individualidade", empregada na primeira edição. As aparições sucessivas em uma ou diversas terras ou "descidas em geração" das partes coerentes da Tanha (Skandhas) de determinado ser são uma sucessão de personalidades. A cada nascimento, a personalidade difere da encarnação precedente ou seguinte. Carma, o deus ex machina, se oculta (ou, diríamos, reflete-se), ora na personalidade de um sábio, a seguir na de um artesão, e assim por diante, na série de nascimentos. Mas, ainda que mudem as personalidades, a linha de vida à qual elas se ligam, como as pérolas a um fio, corre sem interrupção. É sempre essa linha *particular*, e não outra.

ou personalidade que é produzida pelo último pensamento gerador da pessoa que expira.

234. P. — *Quantos Skandhas há?*

R. — Cinco.

235. P. — *Pode enunciá-los?*

R. — Rupa, Vedana, Sañña, Samkara e Viññana.

236. P. — *Pode explicar em breves palavras o significado deles?*

R. — Rupa, as qualidades materiais; Vedana, as sensações; Sañña, as idéias abstratas; Samkhara, as tendências do espírito; Viññana, os poderes da mentalidade, ou consciência. Somos formados dessas diversas disposições; por elas temos consciência da existência e nos comunicamos com o mundo que nos cerca.

237. P. — *A quais causas podem-se atribuir as diferenças na combinação dos Cinco Skandhas, e o que determina as dessemelhanças entre cada indivíduo?*

R. — Ao Carma do indivíduo, amadurecido durante suas existências precedentes.

238. P. — *Qual é a força ou energia que entra em ação sob a direção do Carma para produzir um novo ser?*

R. — Tanha, a vontade de viver[1].

---

1. A esse respeito, o estudante pode consultar Schopenhauer, com bons resultados. O filósofo alemão ensinava que: (O principal ou Radical da Natureza e de todos os objetos, inclusive o cor-

83

239. P. — *Em que se fundamenta a doutrina da reencarnação?*
R. — Na percepção de que a justiça perfeita, o equilíbrio e a ordem são inerentes ao sistema universal da Natureza. Os Budistas não crêem que uma vida — mesmo que se estenda por quinhentos anos — seja suficientemente longa para recompensar ou punir os atos de um homem. O vasto círculo das reencarnações será mais ou menos rapidamente percorrido segundo a preponderância da pureza ou impureza nas diversas existências do indivíduo.

240. P. — *Essa nova agregação de Skandhas, essa nova personalidade é o mesmo ser da existência precedente, restituído à vida pelo desejo?*
R. — Não é o mesmo, nem tampouco outro. Durante esta vida, os Skandhas mudam constantemente; e, se o homem A.B., por exemplo, aos 40 anos, é idêntico, como personalidade, ao jovem A.B. de dezoito anos, ele, contudo, pela deterioração e reparação contínuas de seu

---

po humano, é, intrinsecamente, aquilo de que temos mais consciência em nosso próprio corpo, ou seja, a Vontade. O intelecto é uma faculdade secundária da Vontade primordial, uma função do cérebro, no qual esta vontade se reflete como Natureza, objeto e corpo, assim como em um espelho... O intelecto é secundário, porém pode conduzir, entre os santos, a uma completa renúncia de "Vontade", no sentido em que ela impele à vida; ela se extingue, desse modo, no Nirvana. (L.A. Sanders, *Theosophist*, de maio de 1882).

corpo, pela mutação do espírito e do caráter, é um ser diferente*. E, no entanto, chegado à velhice, A.B. colhe justamente a recompensa ou o sofrimento derivados de seus pensamentos e de seus atos nos diversos períodos de sua vida. Assim, o novo reencarnado, sendo o mesmo indivíduo que anteriormente, sob outra forma ou com uma nova agregação de Skandhas, colhe justamente os frutos de seus pensamentos e de suas ações durante a existência precedente.

241. P. – *Mas o velho se lembra dos incidentes de sua juventude, ainda que tenha mudado física e mentalmente. Por que, então, não nos lembramos, nesta vida presente, de nossa última encarnação?*

R. – Porque a memória faz parte dos Skandhas; e os Skandhas tendo mudado com a nova encarnação, desenvolve-se uma nova memória. Não obstante, a reminiscência ou a reflexão de todas as vidas passadas pode ser conservada, pois, quando o Príncipe Sidarta se tornou Buda, a série completa de suas vidas anteriores desenrolou-se diante dele; ele não teria podido ver nada se os diversos incidentes que as haviam marcado não tivessem deixado qualquer traço. Aquele que

---

* Há uma teoria, mais ou menos bem fundamentada cientificamente, de que a cada ciclo de aproximadamente sete anos todas as células do corpo são substituídas por células novas. (N. do T.).

85

consegue chegar ao quarto estágio de *Dhyana* (clarividência psíquica) retraça, assim, retrospectivamente, o caminho percorrido.

242. P. – *A que objetivo último tendem todas essas mudanças de forma?*
R. – Nirvana.

243. P. – *O Budismo ensina que devemos fazer o bem com vistas a atingir o Nirvana?*
R. – Não, isso seria tão egoísta quanto se a recompensa visada fosse o dinheiro, um trono ou outra satisfação sensual. O Nirvana não se obtém assim e o imprudente especulador não prepara para si senão uma decepção.

244. P. – *Poderia explicar isso mais claramente?*
R. – Nirvana é sinônimo de altruísmo, do total abandono de si ao serviço da verdade. O ignorante aspira à felicidade nirvânica sem fazer idéia do que seja o Nirvana. A Ausência de egoísmo é Nirvana... Fazer o bem por seus resultados ou levar uma santa vida para chegar à beatitude celeste, isso não é seguir a Nobre Via preconizada por Buda. A Nobre Senda deve ser vencida sem esperar-se recompensa, e é a vida mais elevada. Pode-se atingir o estado Nirvânico nesta terra.

245. P. – *Enuncie os dez grandes obstáculos ao progresso denominados Cadeias (Sanyojanas).*
R. – O iludir-se a si mesmo (Sakkayaditti); a dúvida (Bicikiecha); a dependência de ritos supersticiosos (Silabbataparamasa); a sen-

sualidade e as paixões corporais (Kama); o ódio e a malevolência (Patigha); o amor da vida terrestre (Ruparaga); o desejo de viver num céu (Aruparaga); o orgulho (Mana); o crer-se mais justo que os outros (Uddhacca); a ignorância (Avijja).

246. P. — *Para tornar-se Arhat, quantos desses ferros é preciso romper?*

R.— Todos.

247. P. — *Quais os cinco obstáculos ou Niwaranas?*

R.— A Avidez, a Malícia, a Preguiça, o Orgulho e a Dúvida.

248. P. — *Por que os ensinamentos do Buda estão cheios de divisões minuciosas de sentimentos, impulsos, trabalho do espírito, obstáculos e recursos no que concerne ao progresso? Isto lança em confusão o principiante?*

R.— É para ajudar-nos a conhecer a nós mesmos, e para acostumar nosso espírito a darnos conta, detalhadamente, de cada assunto. Por esse sistema contínuo de exame, chegamos finalmente a saber e a ver a verdade tal qual é. É a carreira seguida por todo instrutor sagaz para auxiliar o desenvolvimento da inteligência de seu aluno.

249. P. — *Quantos discípulos do Buda se destacam como especialmente famosos por suas qualidades superiores?*

R.— Oitenta. Chamamo-los *As'iti Maha Savakas.*

250. P. – *O que abrangiam a sabedoria e o conhecimento do Buda?*

R.– Ele conhecia a natureza do Cognoscível e do Incognoscível, o Possível e o Impossível; a causa do Mérito e do Demérito; conhecia as leis da natureza, as ilusões dos sentidos e os meios de suprimir os desejos, podia distinguir os nascimentos e renascimentos dos indivíduos e ainda muitas outras coisas.

251. P. – *Como se chama o princípio fundamental sobre o qual se assenta o conjunto do ensinamento do Buda?*

R.– Denominamo-lo Paticca Samuppada[1].

252. P. – *É de fácil compreensão?*

R.– É extremamente difícil; na verdade, a plena significação e alcance desse princípio ultrapassam a capacidade dos que não estão perfeitamente desenvolvidos.

---

1. Esse princípio fundamental pode ser denominado, em Pali, por *Nidana*, cadeia das causas, ou, literalmente, "Origem da dependência". Contam-se doze Nidanas, a saber: *Avijja*, a ignorância da verdade da religião natural; *Samkhara*, a ação causal, Carma; *Viññana*, a consciência da personalidade, o "Eu sou Eu"; *Nama Rupa*, o nome e a forma; *Salayatana*, os seis sentidos; *Phassa*, a relação; *Veiana*, a sensibilidade; *Tanha*, o desejo do gozo; *Upadana*, o apego; *Bhava*, a existência individualizada; *Jati*, o nascimento, a casta; *Java*, seja *marana, sokaparadiresa, dukka, domanassa, upayasa*, o declínio, a morte, a dor, o remorso, o desespero.

253. P. – *Qual é, a esse respeito, a opinião do grande comentarista Buda Ghosa?*
R.– Que ele próprio se achara, nesse vasto Oceano de pensamento, tão impotente quanto aquele que é arrastado no oceano das águas.
254. P. – *Por que o Buda diz, então, no Parinibanesutta, que "não tem nada de parecido com o punho fechado de um instrutor que guarda qualquer coisa"? Se seu ensino, no todo, estivesse ao alcance de todos, por que um homem tão sábio e instruído quanto Buda Ghosa declara que é tão difícil compreendê-lo?*
R.– O Buda queria dizer, evidentemente, que tudo ensinava sem reservas; mas ele está igualmente certo de que a base real da doutrina não pode ser compreendida senão por aquele que aperfeiçoou suas faculdades de compreensão. A doutrina é, pois, interdita e incompreensível às pessoas ignorantes.
255. P. – *A maneira de ensinar do Buda confirma tal afirmação?*
R.– Às massas não esclarecidas ele fazia narrativas e falava por parábolas; pregava o *Sutta Pitaka* aos que estavam mais avançados; dava o *Vinaya Pitaka* para governar os Bhikshus e os Upasacas; reservava, enfim, o *Adhidamma Pitaka* ou ensino filosófico e psicológico, aos espíritos mais elevados.

TERCEIRA PARTE

O SANGHA

256. P. – *Em que diferem os bhikshus budistas dos sacerdotes de outras religiões?*

R. – Nos outros cultos, os sacerdotes pretendem ser intercessores entre os homens e Deus, para ajudar a obter o perdão dos pecados; os bhikshus budistas nada esperam do poder divino.

257. P. – *Então, valia a pena criar essa Ordem, essa Fraternidade ou sociedade separada da maioria do povo?*

R. – O objetivo era permitir às pessoas mais virtuosas, mais inteligentes, devotadas, aos corações mais espiritualizados de um país afastar-se de um meio social onde seus desejos sensuais e egoísticos se teriam podido fortificar. Tratava-se de ajudá-las a dedicar-se à busca da mais alta sabedoria e de prepará-las para ensinar, para guiar os outros para fora do agradável caminho que leva à miséria, para fazê-los adentrar a vereda árdua ao fim da qual se chega à verdadeira felicidade e à liberação final.

258. P. — *Quais são as duas observâncias adidas às oito já obrigatórias para os bhikshus?*

R. — São elas, assim especificadas:
Observo o preceito de me abster de dançar, de cantar e entregar-me a exibições pouco convenientes.

Observo o preceito de não receber ouro nem prata.

Os dez preceitos (*Dasa* ou *bhikshu Sila*) são obrigatórios para todos os bhikshus e os Samaneras ou Noviços, mas os devotos leigos podem ou não segui-los, à vontade.

Os *Atthanga Sila* destinam-se a todos os que aspiram graus mais elevados que as regiões celestes [1], os aspirantes ao Nirvana.

259. P. — *Há outras regras e preceitos para condução e disciplina da Ordem?*

R. — Sim, 250; pode-se classificá-las em quatro categorias, sob os títulos:

Regras disciplinares principais (*Patimokka Samvara Sila*).

Observâncias para reprimir os sentidos (*Indriya Samvara Sila*).

Regulamentos para conseguir honestamente, e

---

1. O Upasaka e o Upasika os observam durante os dias santos budistas (Uposatha — S.K. *Upavasanta*). São eles o oitavo, décimo quarto e décimo quinto dias de cada meio mês lunar.

fazer bom uso da nutrição, do vestuário, etc.
(*Paççaya sannissita Sila*).
Diretrizes para levar uma vida sem mácula
(*Ajivapari suddha Sila*).

260. P. – *Pode enumerar alguns dos crimes ou faltas formalmente interditos aos bhikshus?*

R. – Os verdadeiros bhikshus se abstêm de:

Destruir a vida dos seres;
Roubar;
Fazer falsas demonstrações de poderes "ocultos" para enganar quem quer que seja;
Relações sexuais;
Mentir;
Fazer uso de licores embriagantes e de comer sem necessidade;
Dançar, cantar e dar-se em espetáculo;
Servir-se de guirlandas, perfumes, etc;
Servir-se de leitos largos e elevados, de camas ou de assentos; de receber presentes de ouro, prata, de grão cru e de carne, de mulheres ou moças, de escravos, de gado, elefantes, etc;
Caluniar;
Empregar linguagem dura e fazer reproches;
Tagarelar;
Ler ou escutar contos e histórias fabulosos;
Servir de mensageiro entre os leigos;
Comprar e vender;
Trapacear, corromper por promessas, enganar e fraudar;

93

Prender, pilhar e ameaçar os outros; praticar certas artes e ciências mágicas, tais como tirar a sorte, fazer predições astrológicas, ler a palma da mão e outras ciências a que denominamos genericamente de magia. Uma ou outra dessas práticas retardam o progresso daquele que aspira a atingir o Nirvana.

261. P. — *Quais os deveres dos bhikshus para com os leigos?*

R. — Dar-lhes o exemplo de uma elevada moralidade, ensiná-los e instruí-los; pregar e explicar a lei; recitar textos reconfortantes (*Paritta*) aos doentes e, publicamente, nos tempos de calamidades públicas, quando solicitados, exortar sem cessar as pessoas à virtude; desviá-las do vício, ser cheios de compaixão, de ternura e procurar assegurar o bem-estar de tudo o que vive.

262. P. — *Que requisitos se deve preencher para ser admitido na Ordem?*

R. — O candidato raramente é aceito antes dos dez anos de idade; deve ter o consentimento de seus pais, estar isento de lepra, de úlceras, de consunção e de convulsões; ter nascido livre, não ter dívidas; não ser criminoso, nem disforme, nem estar ao serviço do estado.

263. P. — *Que nome se dá aos noviços?*

R. — *Samanera*, pupilo[1].

---

1. A relação do pupilo para o Guru, ou instrutor, é quase a mesma existente entre os cristãos, do afilhado para com o padri-

264. P. – *Com que idade o noviço é ordenado monge ou Sramana?*
R. – Não antes dos vinte anos.
265. P. – *Que acontece quando ele está pronto para a ordenação?*
R. – Ele é apresentado a uma assembléia de bhikshus, por um bhikshu que o declara qualificado; o candidato diz então: "Peço o Sangha, venerandos Senhores, para a ordenação (*Upasampada*), etc.". Seu interlocutor também apóia sua admissão e ela é deferida.
266. P. – *E depois?*
R. – Ele veste os hábitos e repete os Três Refúgios (*Tisarana*) e os Dez Preceitos (*Dasa Sila*).
267. P. – *Quais são os dois preceitos essenciais a serem observados?*
R. – A Pobreza e a Castidade. Um bhikshu, antes da ordenação, deve possuir oito objetos, a saber: suas vestes, um cinto para os quadris, uma gamela para mendigar, um filtro para purificar a água, uma navalha, uma agulha, um avental e sandálias. Pode ainda possuir certas outras coisas estritamente especificadas no Vinaya.
268. P. – *E a confissão pública das faltas?*
R. – Uma vez por quinzena, tem lugar uma cerimônia chamada *Patimokka* (Descarrego). Cada bhikshu, nessa ocasião, confessa diante da

---

nho; só que é mais real, pois o instrutor torna-se pai, mãe, família e tudo o mais para seu pupilo.

95

assembléia as faltas que cometeu, e submete-se às penitências que se lhe prescrevem.

269. P. — *Qual o regulamento quotidiano que ele observa?*

R. — Levanta-se antes de nascer o dia, lava-se, varre o vihara e os acessos da árvore Bô, que cresce perto de cada vihara, vai buscar a provisão de água para beber durante o dia e filtra-a; retira-se para meditar; oferece flores diante do relicário ou dagoba ou diante da árvore Bô; depois, toma sua gamela e vai, de casa em casa, a recolher o sustento; não deve pedir, mas receber na tigela o que é voluntariamente doado pelos habitantes. Ele volta para casa, banha os pés e come; a seguir, torna a meditar.

270. P. — *Devemos crer que não há mérito, como ato de adoração, na oferenda de flores (mala piya)?*

R. — O ato em si mesmo, realizado como simples formalidade, é sem valor; mas, se se oferece uma flor como a mais doce, a mais pura expressão da veneração cordial sentida por um ser santo, então a oferenda é um ato de culto enobrecedor.

271. P. — *Que faz o bhikshu, além disso?*

R. — Continua seus estudos. Ao cair da tarde, torna a varrer os lugares sagrados, ilumina uma lâmpada, escuta as instruções de seu superior e confessa-lhe as faltas que tenha podido cometer.

272. P. — *Sobre que assuntos versam suas quatro ardentes meditações? (sati-pathana)*
R.1. Sobre o corpo, *Kayanapassana.*
2. Sobre os sentimentos, *Vedananupassana.*
3. Sobre o espírito, *Chittanupassana.*
4. Sobre a doutrina, *Dhammanupassana.*

273. P. — *Qual a finalidade dos quatro Empenhos? (Sammappadhana)*
R. — Suprimir os desejos grosseiros e crescer em virtude.

274. P. — *É a razão ou a intuição que se recomenda ao bhikshu, para perceber a mais alta verdade?*
R. — A intuição, estado mental durante o qual se aprende qualquer verdade que se deseje conhecer.

275. P. — *E quando se atinge esse estágio de desenvolvimento?*
R. — Quando, pela prática de *Jhana*, chega-se ao quarto grau de desenvolvimento.

276. P. — *Devemos crer que, chegado à fase final de Jhana, e na condição denominada Samadhi, o espírito esteja como que vazio, e o pensamento suspenso?*
R. — Muito pelo contrário. É então que a consciência está intensamente ativa, e que, simultaneamente, se amplia o poder de apreender o conhecimento.

277. P. — *Pode tentar dar um exemplo?*
R.— No estado comum de vigília, a percepção do conhecimento é tão limitada quanto um homem caminhando numa estrada marginada e limitada por altas montanhas; na consciência elevada de Jhana e de Samadhi, como a águia planando nos ares, abraça-se todo o conjunto de um país.

278. P. — *Que dizem nossos livros sobre o emprego que Buda fazia dessa faculdade?*
R.— Dizem que ele costumava, a cada manhã, lançar uma vista d'olhos ao mundo e ver, por sua divina clarividência, onde se encontravam as pessoas prontas a receber a verdade. Então tentava, se possível, fazê-la chegar a elas. Quando recebia visitantes, olhava-lhes o espírito, lia-lhes os motivos secretos e então lhes falava segundo a necessidade deles.

QUARTA PARTE

PROGRESSO E EXPANSÃO DO BUDISMO

279. P. – *Em nossa época, qual o número de adeptos do Budismo, em comparação ao dos fiéis das outras religiões principais?*
R. – Os fiéis do Buda Dharma ultrapassam em número os dos outros instrutores religiosos.
280. P. – *Qual a cifra aproximada?*
R. – Cerca de quinhentos milhões, ou seja, cinco treze avos ou quase a metade da população aproximada do globo terrestre.
281. P. – *Quais as grandes batalhas travadas, os países conquistados, as efusões de sangue humano que contribuíram para propagar o Buda Dharma?*
R. – A História não registra qualquer dessas crueldades ou desses crimes, cometidos para propagar nossa religião. Que tenhamos conhecimento, nem uma só gota de sangue foi der-

99

ramada com tal fim (ver o testemunho do Professor Kolb, numa nota precedente).
282. P. — *Qual, então, o segredo dessa espantosa expansão?*
R. — Não pode ser senão a sua excelência intrínseca; a verdade evidente que lhe serve de base, a sublimidade de seu ensinamento moral e os recursos adequados que oferece a todas as necessidades humanas.
283. P. — *Como o Budismo se espalhou?*
R. — O Buda, durante os quarenta e cinco anos de sua vida de Instrutor, percorreu a Índia, pregando o Dharma. Enviou os melhores de seus discípulos a fazer o mesmo no país.
284. P. — *Quando ele enviou seus missionários pioneiros?*
R. — No mês de outubro, no dia da lua cheia.
285. P. — *Que lhes dizia ele?*
R. — Ele os reunia e dizia: "Ide, Bhikshus, ide e pregai a Lei ao mundo. Trabalhai pelo bem dos outros tanto quanto pelo vosso... Levai a boa nova a todos os homens. Não sejais dois a tomardes o mesmo caminho."
286. P. — *Quanto tempo antes da era cristã se passava isso?*
R. — Mais ou menos seis séculos.
287. P. — *Os Reis aderiram ao movimento?*
R. — Ao mesmo tempo que as classes inferiores, grandes Reis, Rajás e Marajás se conver-

teram e usaram de sua influência para propagar a doutrina.

288. P. — *O que se diz dos peregrinos?*

R.— De diferentes regiões, chegaram à Índia peregrinos instruídos que trouxeram consigo livros e instruções, de forma que, gradualmente, povos inteiros abandonaram suas crenças e abraçaram o Budismo.

289. P. — *Quem é aquele a quem o mundo deve a graça especial do estabelecimento permanente do Budismo?*

R.— O imperador Asoka, cognominado o Grande, outrossim Piyadasi, outrossim Darmasoka. Era filho de Bindusara, rei de Magada e neto de Chandragupta, que expulsou os gregos da Índia.

290. P. — *Em que época ele reinou?*

R.— No século III antes de Jesus Cristo; por volta de duzentos anos depois de Buda. Os historiadores, embora discordem entre si quanto à data exata, pouco se afastam desses números.

291. P. — *Por que ele foi grande?*

R.— A história da Índia não mencionou mais poderoso monarca, como guerreiro e homem de Estado; mas suas mais nobres características foram seu amor pela justiça e pela verdade, sua tolerância em meio às divergências religiosas, a eqüidade de seu governo, a bondade testemunhada aos enfermos, aos pobres e aos

101

animais. Seu nome é reverenciado da Sibéria ao Ceilão.

292. P. — *Ele era Budista de nascença?*

R. — Não, foi convertido por um Arhat, Nigrodha Samanera, dez anos depois de ter sido ungido rei.

293. P. — *O que ele fez pelos Budistas?*

R. — Expulsou os maus religiosos (bhikshus) e manteve os bons, edificou mosteiros e santuários por toda parte, criou jardins, abriu hospitais para os homens e os animais, convocou um concílio em Patna para revisar e restabelecer o Dharma; incentivou a educação religiosa das mulheres e enviou embaixadores a quatro Reis Gregos, seus aliados, e a todos os soberanos da Índia, para pregar as doutrinas do Buda. Foi ele quem ergueu os monumentos de Kapilavastu, Buda Gaya, Isipatana e Kusinara, nossos quatro principais centros de peregrinação, e milhares de outros.

294. P. — *Que provas se tem a confirmar sua nobre reputação?*

R. — Descobriram-se, recentemente, em todas as partes da Índia, quatorze de seus Éditos, inscritos em rochedos, e oito em colunas erigidas por ordem sua. Demonstram a elevação de espírito e a sabedoria que o colocam no rol dos melhores soberanos que já viveram.

295. P. — *Como essas inscrições apresentam o Budismo?*

R. – Como uma religião toda de tolerância, de fraternidade universal, de retidão e de justiça. Aí não se encontra a sombra do egoísmo, do sectarismo ou da intolerância. Essas inscrições, mais que qualquer outra coisa, contribuíram para granjear, para o Budismo, o respeito que lhe votam, agora, os sábios ocidentais.

296 P. – *Que dádiva preciosa esse imperador Darmasoka fez ao Budismo?*

R. – Ele deu seu filho bem amado, Mahinda, e sua filha Sanghamitta, à Ordem, e enviou-os ao Ceilão para introduzir aí a doutrina.

297. P. – *Esse fato está registrado na história do Ceilão?*

R. – Sim, é narrado no "Mahavansa", pelos conservadores dos Anais reais, que então viviam e viram os missionários.

298. P. – *Existe ainda uma prova visível da missão de Sanghamitta?*

R. – Sim, ela levou para o Ceilão, e aí plantou, um ramo da autêntica árvore Bodhi, sob a qual o Buda estava sentado quando foi iluminado, e a árvore daí proveniente ainda existe.

299. P. – *Onde?*

R. – Em Anuradhapura. A história tem sido oficialmente conservada até o presente. Plantada em 306 A.C., é essa a árvore histórica mais antiga do mundo.

300. P. – *Qual o soberano reinante nessa época?*

R. – Devanampiyatissa. Sua esposa, a rainha Anula, tinha convidado Sanghamitta a vir e estabelecer aí um ramo feminino da Ordem.

301. P. – *Sanghamitta estava acompanhada?*

R. – Sim, por muitas outras monjas (bicunis). Depois de algum tempo, admitiu na Ordem a rainha e diversas mulheres de sua corte, bem como 500 virgens.

302. P. – *Conhece-se a obra realizada no Estrangeiro pelos missionários do Imperador Asoka?*

R. – Seu filho e sua filha introduziram o Budismo no Ceilão; seus monges, depois de o terem levado a toda a Índia do Norte, foram acolhidos em quatorze outras nações hindus, e junto aos cinco reis gregos, aliados de Asoka, que com ele firmara tratados em prol de seus pregadores religiosos.

303. P. – *Pode dar os nomes dos reis gregos?*

R. – Antíoco da Síria; Ptolomeu do Egito; Antígono da Macedônia; Margas de Cirene e Alexandre do Épiro.

304. P. – *Onde se encontram esses registros?*

R. – Nos próprios éditos de Asoka o Grande, inscritos nas rochas ou pilares de pedra que ainda estão de pé, como o podem verificar os visitantes desses lugares.

305. P. – *Quais foram, no Ocidente, as comunidades religiosas que acolheram o Buda Dharma e dele impregnaram o pensamento ocidental?*

R. – Os Terapeutas do Egito e os Essênios da Palestina.

306. P. – *Em que época foram introduzidos na China os livros budistas?*
R. – Dois livros Pali, o *Samanta Pasadika* e o *Sarattha Dipani*, dizem que cinco monges de Darmasoka (o imperador Asoka) foram enviados às cinco regiões da China desde o século III A.C.

307. P. – *Quando, e por onde o Budismo penetrou na Coréia?*
R. – Pela China, no ano 372 D.C.

308. P. – *E no Japão?*
R. – Pela Coréia, em 552.

309. P. – *E quando ele se propagou na Cochinchina, em Formosa, na Mongólia, Yarkan, Balk, Bokhara, Afganistão e outros países da Ásia Central?*
R. – Aparentemente, por volta do IV ou V séculos da Era Cristã.

310. P. – *Do Ceilão, para onde se expandiu ele, e por que época?*
R. – Na Birmânia, em 450, e de lá, por etapas, para Arakan, Cambodja, e Pegu. No século VII, penetrou no Sião, e tornou-se a religião de Estado, assim permanecendo depois.

311. P. – *Com exceção da China, e por Cachemira, aonde se propagou?*
R. – Ao Nepal e Tibete.

312. P. – *Por que o Budismo, depois de ter*

105

sido a religião dominante da Índia, aí se encontra hoje quase extinto?

R. — Inicialmente, o Budismo foi nobre e puro, o verdadeiro ensinamento de Tathagata; sua Ordem era virtuosa e observava os preceitos; ganhava todos os corações e levava a alegria ao seio de inúmeras nações, como a aurora dourada envia a vida às flores. Mas, depois de alguns séculos, maus monges receberam ordenação; a Ordem tornou-se rica, preguiçosa e sensual, a doutrina (do Dharma) foi corrompida e as nações indianas a abandonaram.

313. P. — *Não se produziu, por volta do IX ou X séculos, um acontecimento que fez acelerar a queda do Budismo?*
R. — Sim.

314. P. — *Foi coisa diversa da decadência espiritual, da corrupção da Ordem e da reação das camadas populares, em face à perda do alto ideal humano, para cair na idolatria irracional?*
R. — Sim. Os muçulmanos invadiram, calcaram aos pés e pilharam vastos territórios hindus, e, por toda parte, empreenderam ingentes esforços para suprimir nossa religião.

315. P. — *Quais os atos de crueldade de que se acusam os muçulmanos?*
R. — Eles incendiaram, derrubaram e destruíram, por todos os meios possíveis, nossos Viharas; degolaram nossos padres e lançaram ao fogo nossos livros sagrados.

316. P. – *Nossa literatura foi completamente destruída na Índia?*
R.– Não. Muitos bhikshus refugiaram-se no Tibete ou ganharam outros refúgios seguros, levando consigo seus livros.
317. P. – *Descobriram-se recentemente traços desses livros?*
R.– Sim. Rai Bahadur Sarat Chandra Das, pandit (sábio) eminente de Bengala, os viu às centenas nas bibliotecas do mosteiros do Tibete; trouxe cópias de alguns dos mais importantes e está, no momento, encarregado pelo Governo da Índia de editá-los e publicá-los.
318. P. – *Em que país se pode crer que os livros sagrados do Budismo primitivo tenham sido mais conservados e menos alterados?*
R.– No Ceilão. A Enciclopédia Britânica diz que o Budismo, nessa ilha, por motivos especificados, "guardou quase até nossos dias sua pureza primitiva".
319. P. – *Fez-se, em tempos modernos, uma revisão do texto dos Pitakas?*
R.– Sim, uma cuidadosa revisão do conjunto da obra foi feita no Ceilão, em 1873, por uma Comissão composta dos bhikshus mais instruídos, sob a presidência de H. Sumangala, Pradhana Sthavira.
320. P. – *Tem havido, no interesse do Budismo, um intercâmbio amistoso entre as populações budistas do sul e norte da Índia?*

R. — Em 1891, fez-se uma tentativa bem sucedida para trazer ao entendimento os Pradhana Nayakas das grandes divisões, e para fazê-los aceitar catorze proposições que encerravam as crenças fundamentais budistas, reconhecidas e ensinadas de ambos os lados. Essas proposições, redigidas pelo Coronel Olcott, foram escrupulosamente traduzidas em birmanês, cingalês e japonês. Discutidas uma a uma, foram adotadas por unanimidade, assinadas pelos principais monges e publicadas em janeiro de 1892[1].

321. P. — *E qual o resultado?*

R. — Inúmeros monges japoneses e ascetas (bhikshus e samaneras) foram enviados ao Ceilão e à Índia para estudar o Pali e o Sânscrito em testemunho do bom entendimento estabelecido.

322. P. — *Pode-se notar que o Buda Dharma seja motivo de atenção em países não-budistas?*

R. — Sim. Apareceram traduções de nossos livros mais importantes, bem como inúmeros artigos na imprensa; excelentes tratados originais são publicados por autores distintos. No mais, conferencistas budistas ou não-budistas expõem publicamente o Budismo no Ocidente para platéias consideráveis. A seita budista japonesa Shin-Shu acaba de estabelecer missões em Honolulu,

---

1. Ver o Apêndice.

São Francisco, Sacramento e outras paragens da América.

323. P. — *Quais as duas idéias principais de nossa doutrina, que o espírito ocidental acolhe espontaneamente?*

R. — A do Carma e da Reencarnação. A rapidez com a qual são aceitas é bastante surpreendente.

324. P. — *Como se explica isso?*

R. — Pela evidente razão e satisfação que elas dão ao instinto natural da justiça.

109

QUINTA PARTE

O BUDISMO E A CIÊNCIA

325. P. – *O Budismo pode ser considerado como uma religião científica, ou deve-se classificá-lo entre as religiões "reveladas"?*
R.– Não é uma religião revelada. O Buda jamais a apresentou como tal, e ninguém a admite sob esse aspecto. Pelo contrário, ele a expôs como sendo a afirmação de verdades eternas, ensinadas, antes dele, por seus predecessores.

326. P – *Pode repetir novamente o nome do Capítulo (Sutta) no qual o Buda nos diz para não aceitarmos uma pretensa revelação, sem tê-la submetido à prova da razão e da experiência?*
R.– O *Katama Sutta* do *Anguthara Nikaya*.

327. P. – *Os budistas aceitam a teoria de que tudo se formou do nada pela intervenção de um Criador?*
R.– O Buda ensinou que duas coisas são eternas, a saber: *A'kasa* e *Nirvana*. Todas as coisas

saem de A'kasa, em virtude de uma lei de movimento que lhe é inerente, e, depois de uma certa existência, desaparecem. Nada, jamais, saiu do nada. Não acreditamos em milagres, e, em conseqüência, negamos uma criação qualquer saída do nada. Nada do orgânico é eterno. Tudo está num estado constante de fluxo e refluxo, e sofre mutações e modificações que asseguram a continuidade, segundo a lei de evolução.

328. P. — *Que disse o Buda ao venerável Kaskyapa, sobre o tema da fonte comum de todas as coisas?*

R. — Disse que "todas as coisas são feitas de uma essência (*swabhava*), e que, não obstante, as coisas são diferentes segundo as formas de que se revestem, sob a influência de impressões diversas".

329. P. — *Que nome dá a Ciência a essa produção de todas as coisas por uma essência?*

R. — A Evolução*.

---

* É preciso ter em mente que Olcott foi um típico produto intelectual de sua época, e como tal mostrava profunda influência de todas as correntes filosófico-cientifistas da virada do século – o Positivismo, por exemplo. O que ele denomina, em mais de uma obra sua, "evolução", pode ser tomado no exato significado que lhe emprestou Darwin, que fez dessa palavra quase uma bandeira. O termo, bem como a corrente de idéias que ele encerra, são hoje vistos com certa reserva. E muito do seu conteúdo à época denominado "científico" hoje não é exatamente visto como tal. (N. do T.)

330. P. – *Os budistas crêem na matéria eterna?*
R. – Crêem, quanto à sua essência. De outro modo, isso implicaria em crermos na sua miraculosa criação. A matéria, tal como a conhecemos, não é senão uma manifestação do A'kasa*, e as formas materiais são as passageiras modificações.

331. P. – *O Budismo é hostil à instrução e ao estudo da Ciência?*
R. – Muito pelo contrário: no *Sigalowada Sutta,* um discurso do Buda, este especifica que um dos deveres do instrutor é iniciar seus alunos "na ciência e na erudição". Os altos ensinamentos do Buda são reservados aos pensadores, aos sábios, às pessoas esclarecidas.

332. P. – *Pode apontar outras ligações entre o Budismo e a Ciência?*
R. – A doutrina do Buda ensina que a raça humana teve inúmeros ancestrais, e, também, que há um princípio de diferenciação entre os homens. Certos indivíduos têm maior aptidão que outros para atingir rapidamente a Sabedoria e chegar ao NIRVANA.

---

* Poderíamos citar, bem ao gosto do próprio Coronel Olcott, se fosse vivo, a teoria moderna da matéria/antimatéria. A noção de A'kasa – que não é exclusiva do Budismo, ocorrendo também em muitas religiões e correntes de pensamento orientais – se encaixa perfeitamente nela. (N. do T.)

113

333. P. — *E o que mais?*
R. — O Budismo sustenta a teoria da indestrutibilidade da força.
334. P. — *Seria o Budismo um conjunto de dados científicos ou um código de moral?*
R. — Para falar com propriedade, é uma pura filosofia moral, um sistema de ética e metafísica transcendental, e tão eminentemente positivo que o Buda guardou silêncio quando Malunka lhe perguntou qual era a origem das coisas.
335. P. — *Por que ele fez isso?*
R. — Porque achava que nosso objetivo principal deve ser ver as coisas tais como existem ao nosso redor, e tentar melhorá-las, sem perder tempo em especulações intelectuais.
336. P. — *Como explicam os budistas que maus pais dêem nascimento a filhos sábios e muito bons, e que filhos muito ruins nasçam de pais excelentes?* *
R. — Apresentam, como motivo para isso, os respectivos Carmas dos filhos e dos pais; tendo cada qual podido merecer que parentescos tão excepcionais sejam estabelecidos durante esta existência.

---

* A colocação deste quesito faz pensar, mais uma vez, no embasamento intelectual do Coronel Olcott, homem profundamente versado no pensamento científico e filosófico de seu tempo. Esta preocupação reflete, sem dúvida, o determinismo científico de então. (N. do T.)

114

337. P. — *Existe menção de um clarão brilhante que se emanava do corpo do Buda?*
R.— Sim, era um radiante brilho interior que se espalhava ao redor, pelo poder da santidade*.
338. P. — *Como se denomina, em Pali, esse fulgor?*
R.— *Buddharansi,* os raios do Buda.
339. P. — *Quantas cores podiam ser vistas nele?*
R.— Seis, ligadas duas a duas.
340. P. — *Quais seus nomes?*
R.— *Nila, Pita, Lohita, Avadata, Mangasta, Prabhasvara.*
341. P. — *Outras pessoas emitiram esses clarões brilhantes?*
R.— Sim, todos os Arhats o fizeram, e, na verdade, a força e o brilho da luz são proporcionais ao desenvolvimento espiritual da pessoa.
342. P. — *Onde se vêem representadas essas cores?*
R.— Em todos os viharas onde estão pintadas imagens do Buda. Vêmo-las também nas listras da bandeira budista, feita inicialmente no Ceilão, mas agora adotada nos países budistas.

---

* A literatura hebraica, no Velho Testamento, menciona o fulgor radiante de Moisés, a cada entrevista com Javé, na montanha. E a literatura cristã menciona diversos exemplos, como o do Odor de Santidade que se desprendia de diversos santos, São Francisco de Assis, por exemplo. (N. do T.)

343. P. – *Em que discurso o próprio Buda fala dessa claridade que o envolvia?*
R. – Na *Maha-Parinibban esutta*, Ananda, seu discípulo favorito, notando o grande esplendor que vinha do corpo de seu mestre, o Buda, disse que esse extraordinário brilho se produzia em duas circunstâncias: a) no momento em que um *Tathagata* obtém a suprema visão interior; e b) na noite durante a qual ele se afasta definitivamente de seu corpo físico.

344. P. – *Onde se lê que uma luz tão grande tenha sido emitida pelo corpo de um outro Buda?*
R. – Na história de Sumedha e Dipankara Buda, que se encontra no *Nidanakatha* do livro *Jataka*, ou história das reencarnações do Bodhisattva Siddhartha Gautama.

345. P. – *Como isso é descrito?*
R. – Como um halo de seis pés de profundidade.

346. P. – *Que nome dão a isso os hindus?*
R. – Tejas, e designam por *Prakasha* a extensão do brilho.

347. P. – *E os europeus, hoje em dia, como o denominam?*
R. – A aura humana.

348. P. – *Qual foi o primeiro sábio a provar a existência dessa aura por meio de experiências escrupulosamente conduzidas?*
R. – Foi o Barão de Reichenbach. Suas experiências são descritas em suas "Pesquisas",

publicadas em 1844. O Dr. Baraduc, de Paris, fotografou bem recentemente essa luz*.
349. P. — *Essa aura brilhante é um milagre ou um fenômeno natural?*
R.— Um fenômeno natural. Está provado que não apenas os seres humanos possuem essa aura, mas também os animais, as árvores, as plantas, quiçá até mesmo as pedras.
350. P. — *Que particularidade oferece a aura de um Buda ou de um Arhat?*
R.— É intensamente mais brilhante e mais extensa que a dos outros seres, e sobretudo dos objetos, o que demonstra seu desenvolvimento superior e seus poderes. Viu-se, no Ceilão, esse clarão sair de dagobas, em locais onde se dizia que estavam engastadas relíquias do Buda.
351. P. — *Fala-se também dessa luz em outras religiões, além do Budismo e do Hinduísmo?*
R.— Sim, os artistas cristãos, em seus

---

* O Coronel Olcott refere-se, naturalmente, a experiências com recursos limitados, já que em sua época a fotografia era ainda incipiente. Hoje, já dispomos de recursos técnicos mais apurados, como o raio laser e os raios infravermelhos. Fizeram-se, a partir da década de 1950, experiências fotográficas sobre a aura humana, animal e vegetal. Os resultados foram surpreendentes. Chegou-se a mostrar, inclusive, a seqüência de transformações que nela ocorrem no momento da morte. Essas experiências têm ocorrido, sobretudo, na URSS e em países da Cortina, que, tudo indica, em Parapsicologia estão muito mais adiantados do que os maiores pesquisadores (E.U.A.) do Ocidente. (N. do T.)

quadros, representam os santos aureolados ou envoltos nessa claridade*. Encontram-se traços dessa crença em outras religiões.

352. P. — *Qual o incidente histórico sobre o qual se pode apoiar a teoria moderna da sugestão hipnótica?*

R.— O de Chullapanthaka, tal como é narrado no comentário Pali sobre o *Dhammapada*.

353. P. — *Pode detalhar o fato?*

R.— Chullapanthaka era um bhikshu que se tornou Arhat. Nesse mesmo dia, enviou-lhe o Buda um mensageiro para o chamar. Quando o homem chegou ao Vihara, viu um grupo formado por 300 bhikshus, parecendo terem todos o mesmo rosto. À sua pergunta de "quem é Chullapanthaka" cada um respondeu: "Eu sou Chullapanthaka".

354. P. — *Que fez o mensageiro?*

R.— Em sua confusão, retornou para contar ao Buda o que tinha visto.

355. P. — *Que fez o Buda?*

---

* Consciente ou inconscientemente, os artistas cristãos — notadamente os de maior influência bizantina — mostram por vezes concepções interessantes da aura dos santos. Em algumas obras, como as há, por exemplo, em igrejas cristãs da Grécia, onde a influência oriental é mais acentuada no Cristianismo, a aura não se limita à célebre "auréola" em torno da cabeça, mas sim adquire a forma de um verdadeiro invólucro luminoso de maravilhosa policromia. Quando tais representações se acham em vitrais, o efeito é surpreendente. (N. do T.)

118

R. — Ordenou-lhe que voltasse ao Vihara e, se acontecesse a mesma coisa, que segurasse pelo braço a primeira pessoa que dissesse ser Chullapanthaka e a ameaçasse. O Buda sabia que o novel Arhat deveria ter assim manifestado seu novo poder mostrando ao mensageiro aspectos ilusórios de si mesmo.

356. P. — *Como se chama, em Pali, esse poder de suscitar a ilusão?*

R. — *Vikybbana Iddhi.*

357. P. — *As reproduções ilusórias da pessoa do Arhat eram físicas? Eram compostas de substância, e teriam podido ser sentidas e manipuladas pelo mensageiro?*

R. — Não; eram imagens que o pensamento e a vontade exercida do Arhat impunham ao espírito do mensageiro.

358. P. — *A que você poderia comparar essas imagens?*

R. — Ao reflexo de um homem no espelho, exatamente semelhante a ele, mas impalpável.

359. P. — *Era necessário criar essa ilusão no espírito do mensageiro?*

R. — Chullapanthaka constatava, assim, que concebia perfeitamente sua exata aparência e que podia gravá-la quantas vezes quisesse no cérebro impressionável do mensageiro.

360. P. — *Como se chama, agora, esse processo?*

R. — Sugestão hipnótica.

119

361. P. – *Uma terceira pessoa teria podido ver também essas imagens ilusórias?*
R.– Isso dependeria da vontade do Arhat ou do hipnotizador.
362. P. – *Como você entende isso?*
R.– Suponhamos que, em lugar de uma só pessoa, tivesse havido cinqüenta ou quinhentas: o Arhat podia querer que a ilusão fosse compartilhada por todos, no mesmo grau ou, à sua escolha, que ela atingisse apenas o mensageiro.
363. P. – *Esse ramo da ciência é bem conhecido em nossos dias?*
R.– Sim, é familiar a todos os que estudam o mesmerismo e o hipnotismo.*
364. P. – *Em que ponto a crença científica moderna concorda com a teoria do Carma, ensinada pelo Hinduísmo e pelo Budismo?*
R.– Os sábios modernos professam que cada geração sofre as conseqüências das virtudes

---

* No momento, insere-se mais propriamente na ciência a que hoje denominamos Parapsicologia, inexistente na época do Cel. Olcott. E conveniente lembrar que, à época de Olcott, a própria Psicologia era ainda uma ciência incipiente, de fronteiras e contornos mal delineados – não obstante acharem-se em curso, então, as experiências pioneiras da Salpétrièrre (psiquiatria, neurologia) e alguns trabalhos mais inerentes à área da Psicologia propriamente dita. Quanto ao hipnotismo, que Olcott e seus contemporâneos tinham em alto conceito científico, é hoje apenas uma disciplina auxiliar de terapêutica psiquiátrica. O mesmerismo ou magnetismo animal perdeu por completo seus foros de ciência. (N. do T.)

120

e dos vícios que lhe são legados pela geração precedente, não em massa, mas individualmente. Cada um dentre nós, segundo o Budismo, nasce uma condição que representa as causas por ele geradas numa vida anterior. Tal é a idéia do Carma.

365. P. — *Que diz o Vasettha Sutta sobre a causalidade na Natureza?*

R. — Diz: "Pela causalidade, o mundo existe; todas as coisas existem por ela; todos os seres a ela estão ligados."

366. P. — *O Budismo ensina a imutabilidade do universo visível: nossa terra, o sol, a lua, as es-'relas, os reinos mineral, vegetal e humano?*

R. — Não. Ensina que tudo muda sem cessar e que tudo deve desaparecer, no decorrer do tempo.

367. P. — *Para não reaparecer jamais?*

R. — Não, na verdade; o princípio da evolução, orientada pelo Carma individual e coletivo, evoluirá em outro universo e seu conteúdo, como nosso universo evoluiu do A'kasa.

368. P. — *O Budismo admite que o homem possua poderes latentes, capazes de produzir os fenômenos vulgarmente denominados "milagres"?*

R. — Sim, mas esses poderes são naturais, não sobrenaturais. Podem ser desenvolvidos por um certo sistema, exposto em nossos livros sagrados; o *Visuddhi Marya,* por exemplo.

121

369. P. — *Qual o nome desse ramo da ciência?*
R. — Em Pali, *Iddhi Vidhañana.*
370. P. — *Existem vários sistemas?*
R. — Dois: *Lankika,* método por meio do qual se obtém temporariamente o poder de produzir fenômenos; consiste em práticas ascéticas, absorção de certas drogas, recitação de mantras (encantamentos) e outros recursos exteriores; e o *Lokottara,* que é um desenvolvimento interior, proporcionando um poder desdobrado de forma diversa daquele que acaba de ser aventado.
371. P. — *Quais os homens que gozam desses poderes?*
R. — Os que os desenvolvem gradualmente por um determinado método ascético denominado *Dhyana.*
372. P. — *Pode-se perder esse poder (Iddhi)*[1]*?*
R. — O *Lankika* pode ser perdido, mas não o *Lokottara,* que é adquirido para sempre. É só por esse último e inalienável conhecimento que o Arhat pode conhecer a condição absoluta de Nirvana, e não se chega a possuí-la senão seguindo-se a nobre vida do caminho *Óctuplo.*

---

1. Sumangala Sthavira explicou-me que esses poderes transcendentais só são permanentes naquele que tenha dominado todas as paixões, ou, por uma palavra, um Arhat. Tais poderes podem ser desenvolvidos por um homem mau, e servir assim a desígnios perversos, mas, então, sua atividade não dura, as paixões rebeldes tornam a dominar o feiticeiro, o qual acaba por tornar-se vítima delas.

373. P. – *O Buda tinha Lokottara Iddhi?*
R.– Sim, à perfeição.
374. P. – *E seus discípulos, tinham?*
R.– Alguns sim, mas de maneira desigual; a capacidade de adquirir esses poderes ocultos varia segundo o indivíduo.
375. P. – *Pode dar exemplos?*
R.– De todos os discípulos do Buda, Mogallana era o que possuía os mais extraordinários poderes para produzir fenômenos, ao passo que Ananda, o discípulo íntimo e pessoal do Buda, não conseguiu desenvolver qualquer poder durante vinte e cinco anos. Mais tarde o conseguiu, como havia predito o Buda.
376. P. – *A pessoa adquire esses poderes de repente, ou gradualmente?*
R.– Normalmente, eles se desenvolvem por etapas, à medida que o discípulo controla sua natureza inferior durante uma série de existências[1].
377. P. – *O Budismo pretende que seja possível ressuscitar os mortos?*
R.– Não. O Buda ensina o contrário, na bela história de Kisa Gotami e do grão de mostarda. Mas, quando uma pessoa parece estar morta, embora não o esteja, é possível a ressurreição.

---

1. Quando os poderes se declaram subitamente, conclui-se que o indivíduo se desenvolvera em sua encarnação precedente. Não acreditamos na inversão anormal da lei natural.

123

378. P. — *Quantos estágios sucessivos existem para se chegar ao poder pelo desenvolvimento Lokottara?*
R. — Há seis graus, acessíveis aos Arhats; o grau acima disso só pode ser atingido por um Buda.
379. P. — *Pode descrever esses seis estágios ou graus?*
R.— Pode-se dividi-los em dois grupos de três. O primeiro compreende: 1) o poder gradualmente obtido de remontar, no passado, à origem das coisas; 2) a clarividência progressiva ou o poder de profetizar; 3) a extinção gradual dos desejos e dos laços materiais.
380. P. — *E o segundo grupo, o que comporta?*
R.— As mesmas faculdades... ilimitadas. Assim, o Arhat completo possui a perfeita visão retrospectiva, a perfeita clarividência, e não conserva o menor traço de desejo ou de atrativo egoísta.
381. P. — *Quais os quatro meios que permitem chegar a esse poder?*
R.— A vontade, seus esforços, o desenvolvimento mental e o discernimento do justo e do injusto.
382. P. — *Nossas escrituras dão conta de centenas de fenômenos produzidos por Arhats: como você denomina essa faculdade ou poder?*
R.— *Iddhi vidha.* Aquele que o possui

124

pode, manipulando as forças da natureza, produzir não importa que fenômeno espantoso, ou seja, fazer a experiência científica que quiser.

383. P. – *O Buda incentivava esses tipos de manifestações?*

R.– Não, ele as desaprovava expressamente; achava que elas lançavam em confusão o espírito dos que não conhecessem os princípios que as regem, e ofereciam o perigo de levar seus autores a repeti-las, quiçá para satisfazer a uma frívola curiosidade. Além do mais, fenômenos semelhantes podem ser produzidos por feiticeiros ou mágicos versados no *Lankika* ou a forma mais inferior da ciência *Iddhi*. Qualquer falsa pretensão de monge ao poder sobrenatural incorre no rol dos pecados imperdoáveis *(Tevijja sulla)*.

384. P. – *Você falou de um "deva" que apareceu ao Príncipe Sidarta sob formas variadas: qual a crença dos budistas com respeito às raças de seres elementais invisíveis, que têm relações com a humanidade?*

R.– Eles acreditam que esses seres existem e habitam mundos ou esferas que lhes são próprias. A doutrina budista explica que, pelo desenvolvimento interior e o domínio exercido sobre sua natureza inferior, o Arhat torna-se superior mesmo ao mais formidável dos devas, e que pode submeter e controlar as ordens inferiores.

385. P. — *Quantas espécies de devas existem?*
R.— Três: *Kamavachara* (os que são dominados pelas paixões); *Rupavachara* (categoria mais elevada, que conserva ainda uma forma individual); *Arupavachara* (os mais elevados em grau de purificação, não têm formas materiais).

386. P. — *Devemos temê-los?*
R.— Aquele que é puro, com o coração cheio de compaixão e o espírito corajoso, nada tem a temer: nenhum homem, deus, brama rakshas, demônio ou deva pode fazer-lhe mal; mas alguns têm o poder de atormentar os impuros, bem como os que desejam a proximidade deles.

APÊNDICE

O texto que se segue, por mim mesmo submetido ao exame de Comitês autorizados, foi aceito pelas igrejas Budistas do Norte e do Sul, que reconhecem, nestes quatorze artigos, os princípios fundamentais do Budismo; sua importância histórica é tal que se os acrescentou à presente edição do *Catecismo Budista*. S. A. o Príncipe Ouchtomsky, sábio orientalista russo, disse-me recentemente que, ao fazer traduzir esse documento para os principais Lamas dos grandes mosteiros Budistas da Mongólia, declararam-lhe eles que subscreviam todas as proposições enunciadas, exceção feita à data do nascimento do Buda, a qual crêem eles anterior, de alguns milhares de anos, à dada por mim. Esse fato surpreendente ainda não me chegara ao conhecimento. Será que a Ordem (Sangha) mongólica confunde a época real de Sáquia Muni com a de seu último predecessor conhecido? Seja como for, é encorajador constatar a união de todo o mundo Budista, no que concerne, pelo menos, a estas catorze proposições.

H.S.O.

CRENÇAS FUNDAMENTAIS DO BUDISMO

I — Os Budistas são ensinados a mostrar a todos os homens a mesma tolerância, paciência e o mesmo amor fraternal, sem distinção; e uma inalterável bondade para com os membros do reino animal.

II — O Universo evoluiu, não foi criado, funciona de acordo com a Lei, não segundo o capricho de um deus.

III — As verdades sobre as quais se fundamenta o Budismo são naturais. Acreditamos que tenham sido ensinadas durante os Kalpas ou períodos mundiais sucessivos por certos seres iluminados chamados BUDAS; o nome de BUDA significa "Iluminado".

IV — O quarto instrutor do período mundial atual (Kalpa) foi Sáquia Muni ou Gautama Buda, nascido de uma família real da Índia, há cerca de 2.500 anos. É um personagem histórico chamado Sidarta Gautama.

V — Sáquia Muni ensinou que a ignorância produz o desejo; o desejo insaciado é a causa da reencarnação, e esta, a causa da dor. Para livrar-se da dor é, por conseguinte, necessário escapar ao renascimento; para subtrair-se a esse, é preciso suprimir o desejo, e, para abolir o desejo, é indispensável suprimir a ignorância.

VI — A ignorância mantém a convicção de que a reencarnação é coisa necessária. Quando se sabe, constata-se o não-valor desses renascimentos considerados como um fim em si mesmos, e reconhece-se a importância capital de adotar uma maneira de viver que venha a abolir essa necessidade. A ignorância engendra também essa idéia ilusória e ilógica de que só existe uma existência para o homem e que, a essa fase única, sucedem-se imutáveis estados de beatitude ou de tormentos.

VII — Pode-se chegar a dissipar toda essa ignorância pela prática perseverante do altruísmo, no sentido mais amplo, pelo desenvolvimento da inteligência, a sabedoria de pensamentos e a destruição de todo o desejo pelos prazeres baixos e pessoais.

VIII — Sendo o desejo de viver a causa da reencarnação, os renascimentos não têm mais lugar quando esse desejo se extingue, e o indiví-

129

duo aperfeiçoado chega, pela meditação, a esse sublime estado de paz chamado *Nirvana*.

IX — Sáquia Muni ensinava que a ignorância pode ser destruída e a dor afastada pelo conhecimento de quatro nobres verdades, a saber:
1) As misérias da existência;
2) A causa da miséria, que é o desejo sempre renovado de se satisfazer, sem jamais ser capaz de chegar a isso;
3) A destruição desse desejo ou o total desligamento de todo o desejo;
4) Os meios para destruir o desejo, por ele indicados, denominam-se
A Nobre Senda Óctupla, a saber:
Crença correta; Pensamento correto; Palavra correta; Ação correta; Retidão para ganhar a vida; Empenho correto; Recordação correta; Meditação correta.

X — A Meditação correta conduz à luz espiritual, ao desenvolvimento dessa faculdade Búdica latente em todo homem.

XI — A essência do Budismo foi assim resumida pelo próprio Tatagata (Buda):
Abster-se de todo o pecado,
Tornar-se virtuoso,
Purificar o coração.

XII — O universo está sujeito a uma causa natural chamada "Carma". Os méritos e deméritos de um ser, em suas existências passadas, determinam sua condição na vida presente. Cada homem preparou, pois, as causas dos efeitos que atualmente experimenta.

XIII — Os obstáculos que impedem a obtenção de um bom Carma podem ser removidos pela observância dos preceitos seguintes, compreendidos no código moral do Budismo: 1) Não mates; 2) Não roubes; 3) Não te entregues a nenhum prazer sexual proibido; 4) Não mintas; 5) Não tomes droga ou licor embriagador ou estupefaciente.

Outros cinco preceitos, que seria desnecessário enumerar aqui, devem ser seguidos por aqueles que quiserem libertar-se mais prontamente que os outros da miséria da reencarnação.

XIV — O Budismo condena a credulidade supersticiosa. Gautama Buda ensinava que o dever de um pai era mandar instruir seu filho na ciência e na literatura. Ensinava também que ninguém deve crer no que tenha sido dito por não importa qual sábio, escrito em não importa que livro, ou afirmado pela tradição, a menos que isso esteja em acordo com a razão. Redigido visando a estabelecer um plano de

131

entendimento no qual todos os Budistas possam estar de acordo.

H. S. OLCOTT,
Presidente
fundador da Sociedade Teosófica.

Seguem-se as aprovações dos grão-sacerdotes do Japão, Birmânia e Ceilão, delegados por seus nacionais à Conferência Budista que se manteve em Adyar, Madras, aos 8, 9, 10, 11 e 12 de janeiro de 1891.

Impresso na

01526 Rua Espírito Santo, 268 — Armazém 9
Aclimação — São Paulo — SP
Fone: (011) 270-4388 Pabx
com filmes fornecidos pelo Editor.